Leuven Anno 1789

LEUVEN
Anno
1789

TENTOONSTELLING

Bank Brussel Lambert N.V.
Bondgenotenlaan 31, Leuven
10 maart - 4 april 1989

ter gelegenheid van 200 jaar Kamer voor Handel en
Nijverheid van het Arrondissement Leuven

Organisatie: Bank Brussel Lambert N.V.
Conceptie & Catalogus: Leo Van Buyten

INHOUD

Het is voor de BBL-Zetel Leuven-Tienen een bijzonder voorrecht om ter gelegenheid van het 200-jarig bestaan van de Kamer voor Handel en Nijverheid van het arrondissement Leuven U deze brochure te mogen voorstellen als begeleiding van de tentoonstelling „Handel en Nijverheid in Leuven anno 1789''.

Gedurende 200 jaar heeft de Kamer voor Handel en Nijverheid, gesteund door het volle vertrouwen van haar leden handelaars, kleine en middelgrote industriële en kommerciële ondernemingen, dienstverlenende bedrijven en financiële instellingen, zich ingezet voor de sociaal-ekonomische ontplooiing en de welvaart van de regio.

In een steeds wisselend sociaal en ekonomisch klimaat heeft de Kamer voor Handel en Nijverheid de regio de nodige dynamiek en levenskracht gegeven om de steeds nieuwe uitdagingen met sukses aan te pakken. De aktuele gunstige ekonomische indicatoren omtrent het arrondissement Leuven zijn hier het beste bewijs van.

Ter gelegenheid van dit 200-jarig jubileum past het dan ook even terug te blikken op de pionierstijd van de Kamer voor Handel en Nijverheid aan de hand van deze tentoonstelling dewelke het tijdsbeeld schetst waarin de grondvesten van de huidige Kamer gelegd werden. Deze tentoonstelling kon slechts verwezenlijkt worden dank zij de inzet van Dr. L. Van Buyten die niet alleen het opzoekingswerk leverde en de konceptie van de tentoonstelling voor zijn rekening nam, maar ook de begeleidende brochure schreef. Tevens danken wij het Stadsbestuur, E.H. Pastoor van Wespelaar, het Nationaal Scheepvaartmuseum van Antwerpen, de Brouwerij Artois, het Stadsmuseum en het Stadsarchief van Leuven, die zo bereidwillig waren originele dokumenten en kunstwerken in bruikleen af te staan.

Graag maken wij van deze gelegenheid gebruik om de Kamer voor Handel en Nijverheid van harte geluk te wensen met haar 200-jarig bestaan en wij zijn ervan overtuigd dat, gezien haar inzet en dynamisme, zij met sukses de uitdagingen van morgen zal beantwoorden.

Rudolf Demunter,
Directeur van BBL-Zetel Leuven-Tienen

WOORD VOORAF

In dit voorwoord wil ik zeker niet te lang uitweiden om U aldus alle tijd te gunnen om alle interessante voorwerpen en historische dokumenten die in deze tentoonstelling aan bod komen, rustig te kunnen ontdekken. Deze uitgave is bij uw rondgang zeker een vakkundige gids, waar U later bij het herlezen zeker nog veel genoegen zult aan beleven.

Toch kan ik niet anders dan mijn welgemeende gelukwensen over te maken aan de direktie van de BBL-Zetel Leuven-Tienen en hun te bedanken voor deze boeiende tema-tentoonstelling „Leuven anno 1789"; zonder twijfel gaan ook mijn gelukwensen en dank naar de wetenschappelijke koördinator en ontwerper, Dr. Van Buyten van de K.U. Leuven, voor het werk dat hij geleverd heeft om al deze voorwerpen en dokumenten terug te vinden en op een zo gestruktureerde wijze te verzamelen om de tijdsgeest van het einde van de 18de eeuw te illustreren.

Het is geen toeval dat het 200-jarig jubileum van de Kamer voor Handel en Nijverheid van het arrondissement Leuven samenvalt met dit van de Franse Revolutie. De verovering van de Bastille in Parijs op 14 juli 1789 was niets anders dan de voortzetting van een aantal nieuwe ideeën die hun doorstroming kenden niet alleen in Frankrijk, maar tevens buiten de Franse grenzen, zo ook in België.

Eén van deze ideeën was o.m. dat om een nieuwe dynamiek te geven aan handel, financiën en ambachtswezen in Frankrijk men de nog bestaande feodale strukturen zou moeten vervangen door meer liberale strukturen in de ekonomische betekenis van het woord.

En het is tevens deze idee die ook ingang vond bij de groothandelaars in onze stad, die zoals wij dit noemen voor die tijd aan import-export en goederenbehandeling deden, wanneer zij in 1789 beslisten om zich te verenigen in een „Commercie Kamer" met juist als bedoeling hun handel en deze van hun streek tot ontwikkeling te brengen.

Uit deze tentoonstelling kunnen wij het volgende leren:

1. dat gedachten en ideeën geen grenzen kennen: noch politieke, noch taalkundige, noch militaire.
2. dat de geschiedenis een voortdurende herhaling is: een opeenvolging van „revoluties"; staan wij inderdaad niet aan de vooravond van een

nieuwe revolutie, een Europese ditmaal? Een revolutie die opnieuw tot doel heeft een nieuw elan te geven aan handel, financiën, industrie en diensten in Europa, door de strukturen van de soms protektionistische lidstaten van de EEG te vervangen door nieuwe, meer open strukturen.

Of men dit nu wil of niet, deze revolutie komt er: mét of zonder ons.

De herinnering aan het verleden, die wij in deze tentoonstelling terugvinden, moet aldus voor ons wederom een voorbeeld zijn om de toekomst voor te bereiden; en dit is tevens één van haar grote verdiensten.

En daarom wil ik afsluiten met een wens: dat de vruchten van dit kostbaar en enorm werk voor het opzoeken, verzamelen en in beeld brengen van deze herinneringen uit het verleden aan onze regio ten goede mogen blijven komen, ook aan de volgende generaties!

Zou daarom niet één der zalen van het Leuvens stedelijk museum tematisch rond handel en nijverheid opgebouwd kunnen worden? Het „werken" maakt immers een wezenlijk bestanddeel uit van ons leven.

Louis VANDER ELST,
Voorzitter Kamer voor Handel en Nijverheid
van het arrondissement Leuven vzw.

ARBEID EN COMMERCIE
OP HET EINDE VAN HET OUDE REGIEM: ONDERNEMERS, AMBACHTSMEESTERS EN WERKLUI TE LEUVEN ROND 1789.

1789, het revolutiejaar bij uitstek, beperkt zich in de Leuvense geschiedenis niet alleen tot de rol van definitief activeringsjaar voor de sinds 1787 begonnen 15 jarige algemene omwentelingstijd 1787-1801, het levert aan de lokale historiografie eveneens een treffend element in, een symbool bijna voor de ontvoogdingsbeweging op economisch gebied in het milieu van de ondernemende burgerij. In 1789 zetten de Leuvense groothandelaars — traditioneel genoemd ,,van rond de vaart" — de eerste stappen naar een vereniging, die in 1794 door het Officie Fiscaal te Brussel als een Kamer van Koophandel zou erkend worden. Nogal ongenuanceerd geïnterpreteerd, zou dergelijke gebeurtenis gemakkelijk foutief kunnen aangezien worden als een eerste punt op de trofeeënlijst van de jonge 19de-eeuwse liberale ideeënwereld. Het is evenzeer gevaarlijk al te volmondig de waarheid te onderschrijven van de bewering dat de revolutiejaren 1787-1801 grondige mutaties hadden voltrokken. Ofschoon dit ongetwijfeld waar is geweest voor de zuiver politieke en voor de religieuze wereld, moet men voor wat het sociaal-economische aspect van de Leuvense maatschappij aangaat zijn toevlucht nemen tot heel wat voorzichtiger uitdrukkingen. De sociale structuren veranderden minder plotseling dan politieke: de langzame evolutie van de eerste hebben o.a. de tweede mogelijk gemaakt. De sociaal-economische ,,mutaties" van de tweede helft van de 18de eeuw hadden rond 1789 nog niet het resultaat opgeleverd dat als een grondig veranderde samenleving kon worden betiteld, en het Leuven van 1801 verschilde (abstractie gemaakt van de kerkelijke en de universitaire onderhorigen) socio-structureel nauwelijks van zijn situatie in 1755. — Er zou een 19de eeuw nodig blijken om het eeuwenoude stedelijke sociaal-economische geraamte van de Dijlestad min of meer grondig te laten veranderen. Nog ongeveer 75 jaren waren nodig om, bijvoorbeeld, het Leuvens kanaal naar de Dijle boven Mechelen om te vormen van een handelsvaart tot een industriële verkeersweg, en om, bijvoorbeeld, de overdonderende rol van het graan in de lokale handel en ,,industrie"

11

Afb. 1: Leuven volgens de Kabinetskaart van J. de Ferraris (ca. 1771-1777)

12

te gaan beperken. Het ligt niet in onze bedoeling een sinds ettelijke decennia vast gevormde historiografische visie te verwerpen; het moge hier ons streven zijn deze dan toch sterk op het politieke gerichte weergave voor misvorming op andere terreinen te behoeden.

a. *Het Franse Voorbeeld?*

De Franse Revolutie van 1789 was een oproerige beweging van het volk die in het Frans koninkrijk het Oud Regiem ten val bracht en er de basis realiseerde voor de groei van de liberale en democratische staatsinstellingen tijdens de Nieuwste Tijd. — Dit is ruim bekend vanuit het geschiedenisonderricht van het middelbaar onderwijs. Tegelijkertijd werd ons voorgehouden dat de Omwenteling reageerde tegen de bestaande Ancien Régimemisbruiken, dat de Franse Staten-Generaal op zondag 4 mei 1789 bij hoogdringendheid werden samengeroepen, omdat de centrale regering het verregaand budgettair onevenwicht en de enorme staatsschuld niet meer de baas kon, en dat deze samenroeping de gelegenheid geboden heeft om de constitutionele kwestie te stellen. Van de denkbeelden van de Filosofen en het voorbeeld van de Verenigde Staten van Noord-Amerika (conventie van Philadelphia, 1787, en inwerkingtreden van de constitutie, 1789), naar een Franse geschreven grondwet!

Vele vergelijkingen met de Oostenrijkse, de zgn. ,,Zuidelijke'' Nederlanden gaan niet op. Reeds in 1900 schreef de latere Brusselse hoogleraar Georges Bigwood over onze algemene financiële situatie: ,,N'exagérons pas ... nos critiques; l'appréciation qu'il faut porter sur les finances des Pays-Bas Autrichiens ne doit pas être aussi sévère que celle que mérite l'administration financière de l'ancienne France'' (,,Les impôts géné-raux dans les Pays-Bas Autrichiens. Etude historique de législation financière'', Parijs, Brussel, Londen, 1900). Een van de duidelijkste en ongetwijfeld best toegankelijke studies over het Franse laat-18 de-eeuwse staatsfinanciewezen is professor Florin Aftalions ,,L'économie de la Révolution française'' (Collection Pluriel, Hachette, 1987). Dit boek beschrijft o.a. op een suggestieve wijze het onherstelbare oneven-wicht van het Franse staatsbudget, de zware groei van de staatsschuld, en de goocheltoeren om steeds weer kapitalen te lenen bijna zonder enige effectieve borg. Dat voldoende vaak door o.a. Necker gegadigden gevonden werden om die leningen te onderschrijven, zou kunnen bewijzen dat een aantal onderdanen hun financiële belangen eerder zagen liggen in een onrechtstreeks verlies van belangrijke sommen (en een behoud van hun financiële voordelen?), dan in een grondige fiscaal-financiële hervorming van het landsregiem. Deze redenering impliceert natuurlijk het bestaan van wantoestanden, onder dewelke de erg belasterde *fermiers généraux* zeer zeker als boegbeeld fungeerden.

Wanneer wij de 46,32% van het Franse „nationale" budget van 1788 die bestemd was voor de dienst van de schuld (intresten van leningen en aflossing van geleend kapitaal) vergelijken met het corresponderend cijfer van 37,57% voor het geheel der Statenuitgaven der tien „Belgische" provincieomschrijvingen, valt wel de gunstigere Zuidnederlandse positie op, maar kennen wij nog niets over de echte omvang van de totale schuldenberg in beide landen. Het staatsfinanciële luik van de historiografie van Frankrijk en België is helaas geen druk bewerkte grond. Misschien helpen volgende Brabantse cijfers — zonder hen aanspraak te laten maken op enige algemene tot nationale representativiteit — om een idee te geven waarom de latere Franse „revolutionaire overweldigers" onze provinciën als rijke (wellicht, of beter: financieel gezonde) territoria aanzagen. De stad Leuven had tijdens de periode 1750-1765 haar kapitaalschuld tot 2,165 miljoen gulden wisselgeld zien stijgen; op het einde van het Oude Regiem was dit totale kapitaal tot 1,267 miljoen teruggedrongen, dank zij een gunstige economische conjunctuur en een politiek van rigoureuze en investeringsloze zuinigheid. De dienst van de schuld had wel 51,4% van de uitgaven in 1750/1-1793/4 gekost.

Vergelijken wij nu de totale Leuvense schuldenlast met die waarmee in 1782/3 andere Brabantse steden bezwaard waren. Omdat de budgettaire omvang van de vergeleken lokaliteiten onderling sterk verschilde, herrekenen wij alles op basis van een soort gemene noemer, door de vraag te stellen „hoeveel bedroeg het totale inkomen procentueel t.o.v. de schuld?" Hoe lager de alzo bekomen coëfficiënt, hoe zwaarder de last! Leuven benaderde met ca. 12,5% bijna de stad Brussel, maar stond nog ver van Antwerpen:

	Totale schuldenlast (1782/3)	Totale Inkomen t.o.v. de Totale Schuldenlast
Brussel	f. 10 036 094.16	9,6%
Antwerpen	f. 9 036 832.18	7,5%
Nijvel	f. 346 195. 4	31,9%
Diest	f. 523 294. 0	19,1%
Lier	f. 363 019.17	14,0%
Tienen	f. 190 855. 0	18,1%

14

Ofschoon het schuldenpakket in de grote Brabantse steden behoorlijk zwaar drukte, was de consolidatie van die schuld streng onder controle gehouden. Indien Leuven gedurende acht jaar zijn totale inkomst aan de kwijting van de stadsschuld had kunnen besteden, was van deze laatste geen sprake meer geweest. De lektuur van Aftalions „L'économie ..." overtuigt ons van het feit dat men in 1789 in Frankrijk dergelijke hersenschim zelfs niet eens dierf oproepen.

Bracht Frankrijk de „revolutie van de voortschrijdende vernieuwingen", in onze provinciën is men eerder de omgekeerde weg opgegaan! De Zuidelijke Nederlanden zijn losgebarsten in een conservatieve reactie eerst tegen de anti-kerkelijke (en zeker niet: anti-godsdienstige) centrale regeringspolitiek van Maria Theresia en Jozef II, en later tegen de welbekende ultra-onhandig en overdreven sterk gedoseerde administratieve en constitutionele hervormingen van laatstgenoemde vorst. Het met de Franse toestanden vergelijkbare democratische, met name het vonckistische, element was bij ons niet afwezig, maar het bleek op het politieke strijdtoneel zo zwak door te wegen dat het door de conservatieve of statistische elementen schier volledig overspoeld werd.

Langzaam maar zeker had de „Belgische" kerk vanaf het midden van de 18de eeuw een hervormend regeringsingrijpen als een opkomende en dichter wordende mist over zich zien trekken. Het is wellicht overdreven te gaan beweren dat de onvrede van de onderdanen over dergelijke inmenging tot rond het begin van het laatste kwart van de eeuw strikt begrensd bleef binnen de muren van de kerkelijke sfeer: de clerus in al zijn geledingen was immers te fel met volk en wereld verbonden opdat de „burgerij" onverschillig zou blijven over een kerkelijk ongenoegen. De vroegere twisten tussen jansenisten en anti-jansenisten waren toch ook geen zuiver clericale aangelegenheden gebleven. Vanaf 1781, dadelijk na de fameuze reis van Jozef II doorheen de Nederlanden, regende het letterlijk maatregelen op het terrein van de kerkelijke organisatie, het onderwijs, de sociale en de economische politiek, de bestuursvormen en het gerecht. Vanaf 1782 groeide het verzet vanwege de geestelijkheid; de climax hiervan werd de oprichting van het Seminarie-generaal te Leuven in 1786. De vorstelijke hervormingen op het gebied van de eeuwenoude constitutionele politieke en gerechtelijke structuren in 1787 veroorzaakten het ongenoegen van de traditionele lokale machthebbers en leidden tot een bundeling van de kerkelijke en burgerlijke oppositie. De „kleine Brabantse Revolutie" van het voorjaar van 1787 was door de centrale autoriteiten tegen het einde van dat jaar weer onder controle gebracht, maar de repressie tegen het openlijk verzet van de Leuvense

Universiteit tegen de hervormingen zou de keizerlijke partij noodlottig worden. Gebaseerd op de alarmkreet „de Brabantse Blijde Inkomst wordt geschonden!" schaarden de leden van de Brabantse provinciale Staten, de Brabantse abdijen en de Brusselse ambachten zich in één grote oppositionele rij. Al deze traditionele machthebbers, bedreigd als zij zich zagen in hun politieke invloed, respectievelijk in hun bestaan en in hun corporatistische monopoliepositie, schreeuwden niet — zoals in Frankrijk — om nieuwe (en betere) toestanden, dus om hervormingen, maar om een „reactionair" behoud van de bestaande oude situaties.

Andere ontevredenen waren echter wel gewonnen voor de uit Frankrijk overwaaiende verlichte ideeën; de leden van een opkomende burgerij (handelaars, industriëlen, advocaten, bankiers) zagen met lede ogen dat zij door de gevestigde en politiek geprivilegieerde machthebbers, o.a. van de steden (stadspatriciaat en corporaties), van het bestuur uitgesloten waren. Ofschoon eerst gewonnen voor Jozef II's hervormingen, maar teruggeschrokken voor 's keizers al te hardhandige maneuvers, boog deze groep haar politieke opvattingen aldra om tot een volwaardig democratisch streven. Slachtoffers van een scherpe statistische repressie na het slagen van de Brabantse Revolutie, waaraan deze groep haar volle medewerking had verleend, zouden de Vonckisten vanaf 1792 (de eerste Franse inval) bereid gevonden worden om bij de vestiging der Franse republikeinse besturen het roer in handen te nemen. Het definitieve beeld van de Republiek der Brabantse Omwenteling van 1789 hebben zij echter niet of nauwelijks kunnen bepalen.

b. *De Crisis, een andere Onvrede*

Voor een revolutie is een sociaal-economische crisistoestand altijd dankbaar meegenomen: een degelijk opstarten van zulkdanig politiek bedrijf slaagt des te beter wanneer het in de straten ondersteund wordt door de kreten van een hongerige volksmassa. Naarmate de omwenteling conservatiever bedoelingen heeft zal de onderdrukking van die volkswoede echter sneller een aanvang nemen. 1789 bracht inderdaad één der laatste bestaanscrisissen van het Oude Regiem. Het jaar in kwestie beperkte zich nochtans niet tot een tijdelijke voedselschaarste en -duurte, het situeerde zich eveneens voor schier alle takken van de economie in een vanaf 1785 begonnen depressie, welke in 1789 zou culmineren. Niet alleen de armen en het werkvolk, maar ook de handelaars en de werkbazen ondervonden (deze laatste groepen minder snijdend) de onmiddellijke weerslag van de moeilijke tijd: de onvrede kon algemeen worden.

16

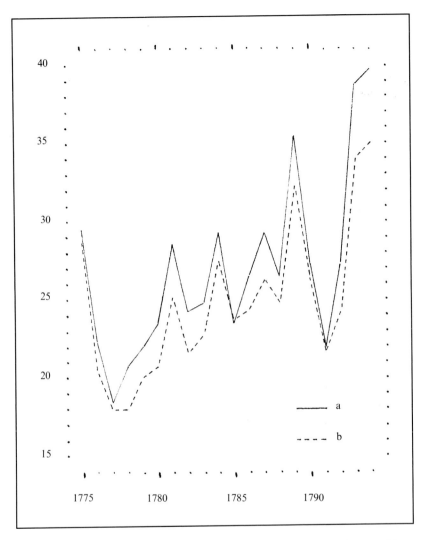

Grafiek 1: De Evolutie van de roggeprijs in stuivers per halster te Leuven (a) en
te Diest (b) (1774-1794) (spijkergegevens)

Grafiek 1 illustreert de duurte van het voornaamste broodgraan, de
rogge of het koren, tijdens de periode 1775-1794. Om de stelligheid van
onze bewijsvoering nog te versterken kozen wij opzettelijk de officiële,
steeds in mineur gehouden stedelijke spijkerreeks: de dagdagelijkse
werkelijkheid was nog uitgesprokener. Ten einde het uitzonderingska-
rakter van 1789 aan te tonen, berekenden wij statistisch hoezeer de

17

mens van 1789 voelde dat, in vergelijking met de voorgaande jaren
(in casu vanaf 1775), de gemiddelde kalenderjaarprijs van 1789 door-
woog ten opzichte van het verleden. De zone geconcentreerd rond het
gemiddelde van de gehele periode en geflankeerd enerzijds door dat
gemiddelde min de standaardafwijking en anderzijds door datzelfde
gemiddelde plus de standaardafwijking, bevat de „normale" jaren; wat
daarbuiten valt zijn respektievelijk de goedkope en de vrij dure jaren.
1777 en 1778 waren voor Leuven en Diest (wij kozen deze kleine stad
om er op te wijzen dat de crisis ook elders woedde) gunstig; 1789 was
overal een duurtejaar (tabel 1). De jaren 1790 zouden nog meer
onaangenaamheid brengen.

Leuven					*Diest*	
18,5	(1777)				18	(1777)
20,75	(1778)				18	(1778)
----------	←	21,33	− standaard-	19,60 →	----------	
22			afwijking		20	
22,25			(s)		20,5	
23,5					20,75	
23,5					21,625	
24,25					22,75	
24,75					23,625	
	←	25,63	gemiddelde	23,68 →		
26,5					24,375	
26,5					24,75	
28,5					26,125	
29,25					26,25	
29,25					27,5	
29,5						
----------	←	29,93	+ standaard-	27,76 →	----------	
35,5	(1789)		afwijking		28,75	(1775)
			(s)		32,375	(1789)
s: 4,30					s: 4,08	

Tabel 1: 1789, een Hongerjaar

Het feit dat in onze berekeningen voor Leuven alleen 1789 als
hongerjaar uit de bus kwam, betekent nog niet dat tijdens de rest van
de tijd voor de kleine man de weelde hoogtij vierde. De tweede helft van
de 18de eeuw, terecht geroemd als een periode van economische

heropleving en bloei, had echter de steeds aanwezige miseriekansen niet naar de achtergrond kunnen verdringen. De armenfamilies die, ten getale van 262 in 1690, 11% van het Leuvense bevolkingstotaal uit- maakten, vertegenwoordigden in 1755 met 629 gevallen 22% van de Leuvense gezinnen. Uit de omvang der publieke aalmoezen van de stad en uit de ongewoon talrijke stedelijke initiatieven in verband met de armensteun kan worden afgeleid dat de perioden 1713/4-1719/20 en 1728/9-1730/1 door een toenemende armoede gekenmerkt werden. Ter gelegenheid van een bedelaarsregistratie werden in 1734 356 personen, behorend tot 237 families, genoteerd. Op de lijst van 1740 figureren 568 personen uit 541 families. De gewone Heilige Geestarmen zijn niet geregistreerd geworden: het gaat hier dus om minimumcijfers. Naast de weduwen, de verlaten en alleenstaande vrouwen en de lichamelijk gehandicapten en de zieken, eenheden uit de beroepsloze massa, behoorden de nog enigszins beroepsbedrijvige en werkloze armen in 1734, 1740 en 1755 vooral tot de sectoren van het textiel- en het lederbedrijf en (behalve in 1734) tot de bouwsector; metaalbewerkers en landbouwknechten vormden een minderheid. Vanaf 1740 werd echter een massa ongeschoolde arbeiders onder de armen genoteerd. Het crisisjaar 1772 was, tenminste volgens het getal ondersteunden van de Grote Heilige Geest van Sint Pieter, één der voorlopers van het huidige O.C.M.W., de start van een nieuwe golf van verarming: het vroegere getal van ca. 108 vast-gesteunden steeg tot ca. 130, terwijl de ,,secrete" armen van 124 in 1770, over 162 in 1775, 193 in 1780 en 264 in 1785, tot 345 in 1789 aangroeiden. Enige typische feiten illustreren deze verpaupering. In 1781 was hier een Berg van Barmhartigheid opgericht; in 1783 dienden de stad en de liefdadigheidsinstellingen met alle macht de door de dysenterieëpidemie veroorzaakte ellende te bestrijden; in 1788 stelde de Religiekas (het centrale organisme dat de goederen van de door Jozef II afgeschafte kloosters beheerde) f. 3 000.0 courant ter beschikking om deze uit te delen aan armen en aan werkloze arbeiders.

In vergelijking met de toestand in 1734-1740-1755, toen de armen- families, op enkele uitzonderingen na, hun voornaamste woonkernen hadden buiten de eerste ringmuur van de stad, had de armenvlek zich in 1785-1786 volop tot het stadscentrum uitgebreid. Die aanwezigheid in wijken en straten waar de handeldrijvende middenstand tot dan toe de plak gezwaaid had, was niet alleen een uitvloeisel van een door de bevolkingsaangroei verwekt gebrek aan woonruimte, dat een overrom- peling van achterhuizen en achterbuurten tot gevolg had, maar wijst tevens op een verpaupering van de minste elementen uit de lagere en uit de middenklasse.

De nood inspireerde eerder uitzonderlijk tot oproer en plundering; dit gebeurde o.a. toch op 6 mei 1740. Tijdens de „kleine Brabantse Revolutie" en tijdens de eigenlijke Omwenteling heeft de betere klasse van de burgerbevolking alles in het werk gesteld om de politieke opstootjes niet in sociale woelingen en plunderingen te laten omslaan. Vanaf midden juni 1787 waren de stedelijke wijkmilities, in dewelke iedere weerbare man opgenomen was, begonnen met het verzekeren der wachtbeurten; onder het voorwendsel de gewone ambachtsman te ontlasten en hem niet van zijn broodverdienste af te houden, werden de wijken naar huis gestuurd en namen de schuttersgilden hun taak over. Dit maneuver kwam neer op een verwijdering der „lagere" elementen: men vreesde namelijk de muiterij van de leden der volksklassen. Ook in 1789 waren het de uit kapitaalkrachtiger lieden gerekruteerde gilden die de ordedienst waarnamen.

Belangrijker, in onderhavige context, was de schier algemene conjuncturele crisis waarin het jaar 1789 zich situeerde. Ondanks de fiscale oorsprong van onze cijfergegevens en de ingebouwde fraudeaanwezigheid in deze laatste, schijnt de onderlinge sterke overeenkomst wat de trendrichtingen betreft de betrouwbaarheid van het groeibeeld een meer dan plausibele waarschijnlijkheid te verzekeren (grafieken 2 à 17).

De sociale depressies van rond 1716 en van ca. 1725 tot ca. 1735 hebben een ongunstige weerslag op alle economische sectoren gehad. De periode van de Oostenrijkse Successieoorlog (1740-1748/9) bleef, afgezien van de crisistijd 1740-1741 redelijk gunstig voor de Leuvense fiscaliteit, mede door de vooraanstaande rol der belastingen op het bierverbruik dat in die jaren in de militaire bezetting een vlot afzetgebied gevonden had. De definitieve 18de-eeuwse fiscale bloei zou eerst na ca. 1750 een aanvang nemen: voor de graanhandel, voor de bakkerij en voor de bier- en brandewijnproduktie in 1755, voor de lokale vishandel en de gewestelijke vismijn en voor het vettewariers-, speciërs- en zoetbedrijf nog één jaar vroeger, voor de vee- en vleeshandel één jaar later, en voor het bierverbruik in 1760. Ca. 1785 begon de depressie c.q. de stagnatie: voor de lokale vishandel in 1780, voor de bakkerij, voor de wijnhandel en voor het vettewariers-, speciërs- en zoetbedrijf in 1783, voor de bieruitvoer in 1784, voor de vee- en vleeshandel in 1785-1786, voor de graanhandel en het bouwbedrijf in 1786 en voor de bierproduktie en het bierverbruik één jaar later. De graanuitvoer echter, de brandewijnproduktie, de vismijnomzet en de kolenhandel weerstonden aan de algemene tendens en bleven stijgen. De graanhandel en de

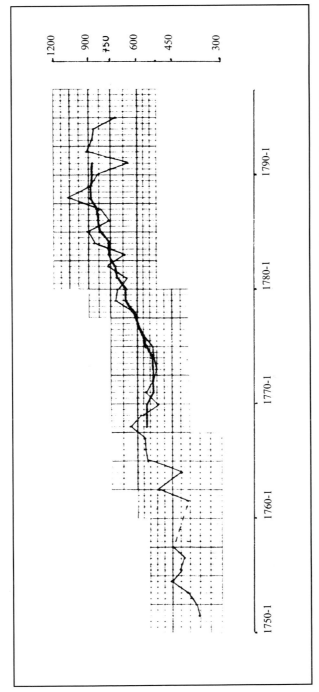

Grafiek 2: De graanmarkt (in- en uitvoer) in 1000 halsters; trendlijn: 9 j. voortschrijdend gemiddelde.

21

22

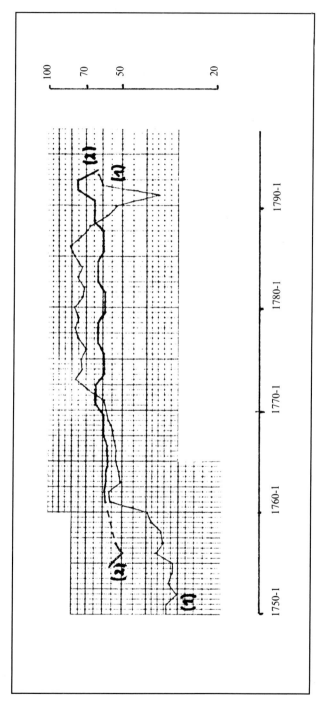

Grafiek 3: Het broodverbruik en de broodbakkerij in 1000 halsters rogge; volgens (1) de bak- en maalaccijns en (2) de heytselbelasting.

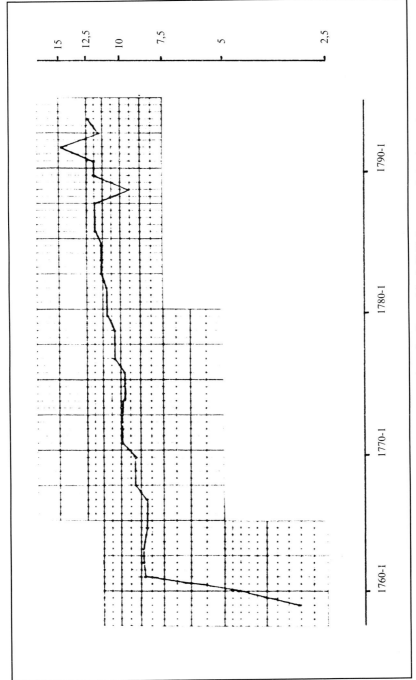

Grafiek 4: Het malen van broodgraan en brandewijngoed in f. 1000.0 courant belastingsopbrengst

23

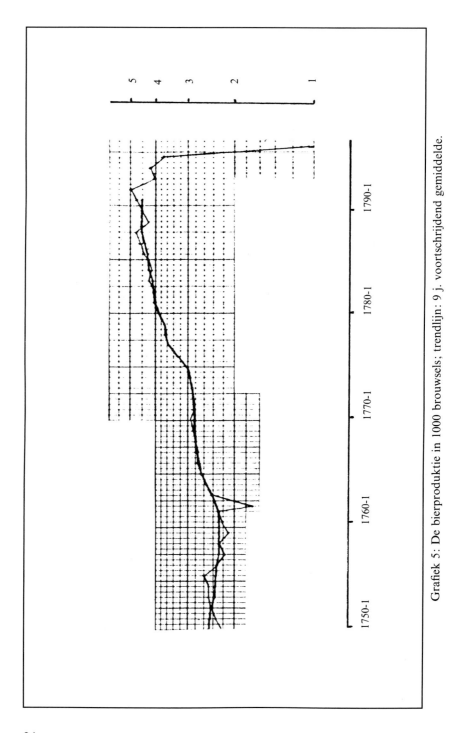

Grafiek 5: De bierproduktie in 1000 brouwsels; trendlijn: 9 j. voortschrijdend gemiddelde.

24

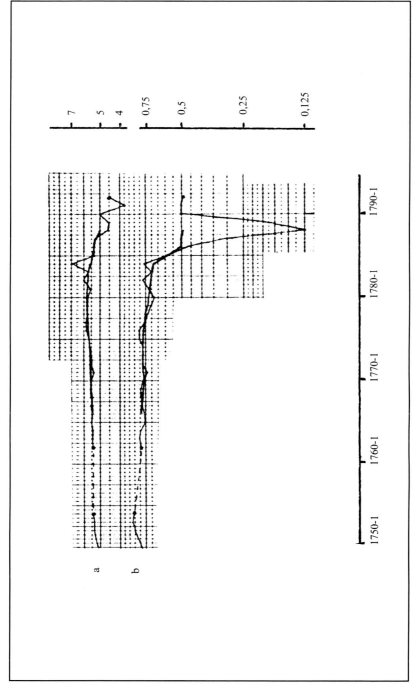

Grafiek 6: Het bierverbruik in f. 1000 courant: (a) totaal, (b) Universiteit; trendlijn: 9 j. voortschrijdend gemiddelde.

25

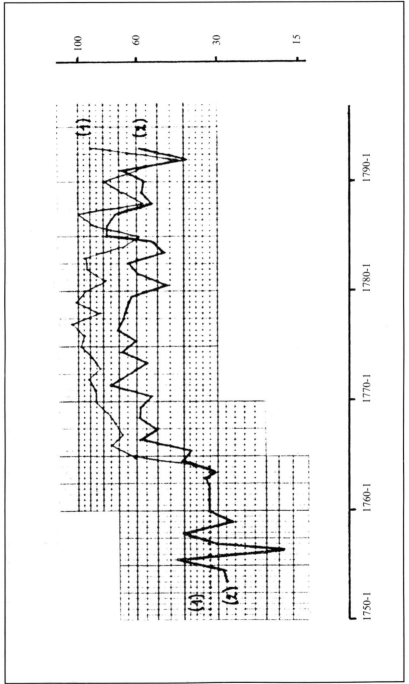

Grafiek 7: De vishandel in f. 1000 courant: (1) kleinhandelsomzet en (2) import in de vismijn.

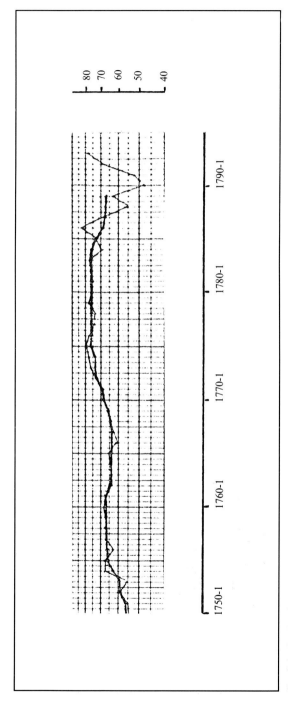

Grafiek 8: De handelsomzet (aankoopwaarde) van vetwaren, specerijen en „zoete" waren in f. 1000 courant; trendlijn: 9 j. voortschrijdend gemiddelde.

27

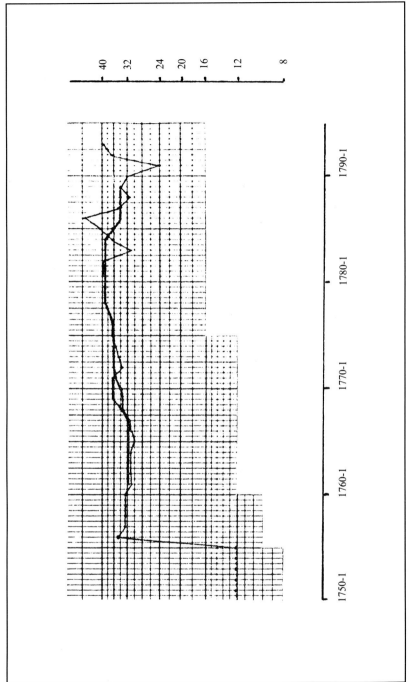

Grafiek 9: De vee- en vleeshandel in 100 ossen en vaarzen van minstens 400 pond; trendlijn: 9 j. voortschrijdend gemiddelde.

28

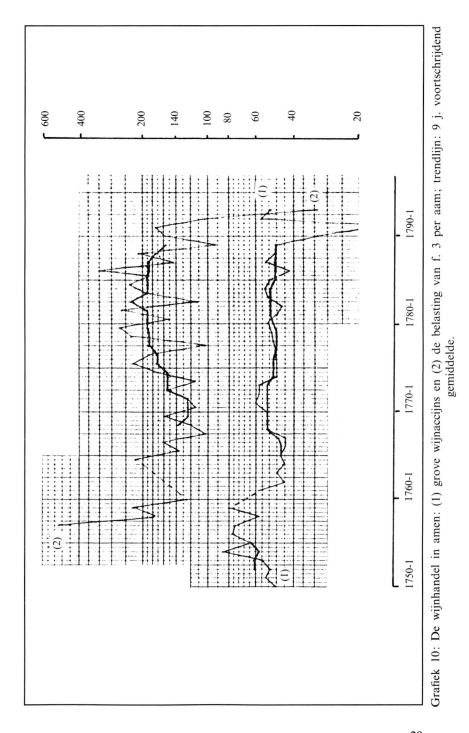

Grafiek 10: De wijnhandel in amen: (1) grove wijnaccijns en (2) de belasting van f. 3 per aam; trendlijn: 9 j. voortschrijdend gemiddelde.

29

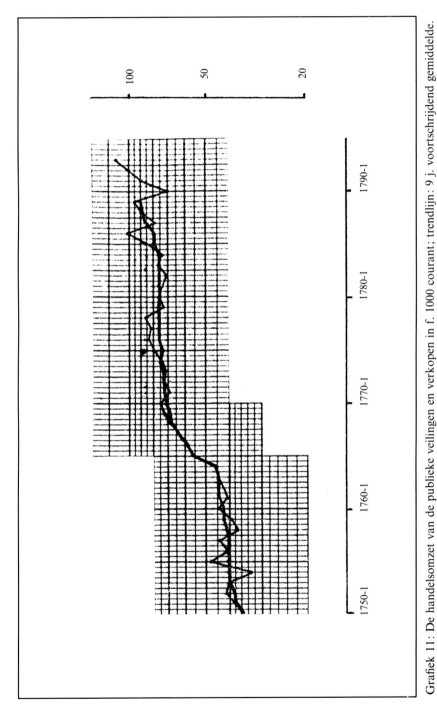

Grafiek 11: De handelsomzet van de publieke veilingen en verkopen in f. 1000 courant; trendlijn: 9 j. voortschrijdend gemiddelde.

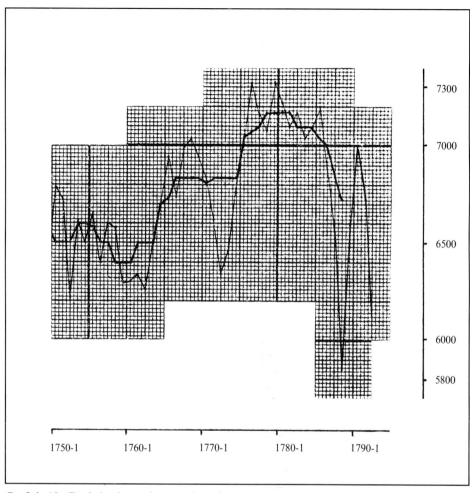

Grafiek 12: De belastingsopbrengst in gulden courant van het landtransport doorheen de stadspoorten; trendlijn: 9 j. voortschrijdend gemiddelde.

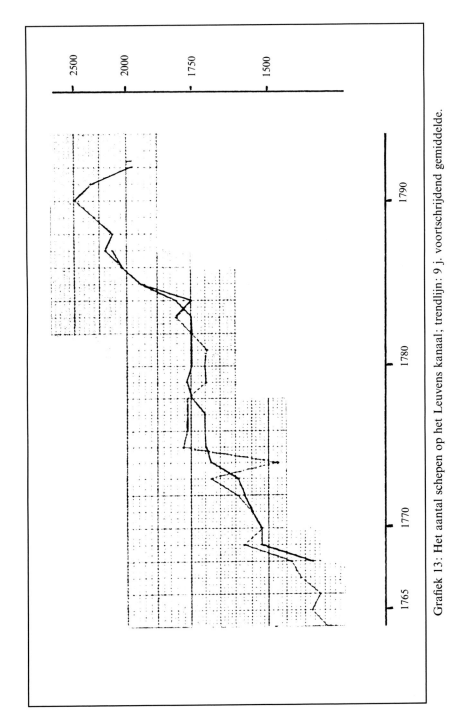

Grafiek 13: Het aantal schepen op het Leuvens kanaal; trendlijn: 9 j. voortschrijdend gemiddelde.

32

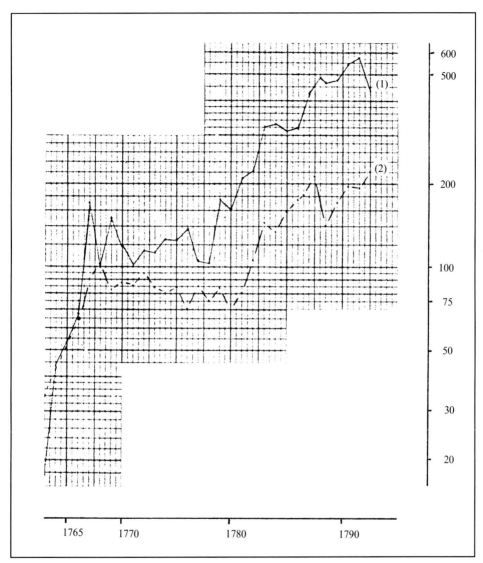

Grafiek 14: Het transport van reisgoed en pakwaren (opbrengsten in gulden courant) langs het Leuvens kanaal: (1) trekschuit Leuven-Kampenhout, (2) trekschuit Mechelen-Kampenhout.

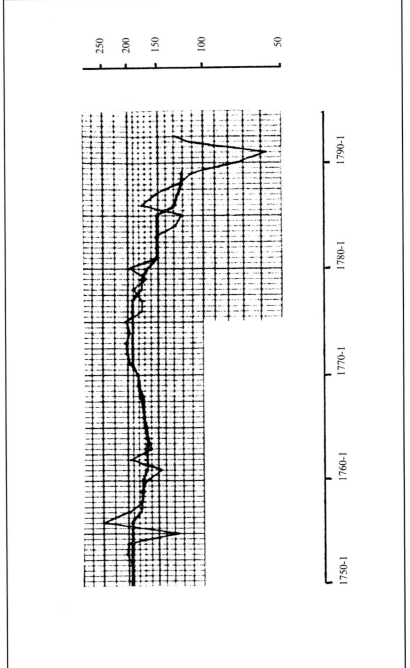

Grafiek 15: De ledernijverheid, accijnsopbrengst in gulden courant; trendlijn: 9 j. voortschrijdend gemiddelde.

34

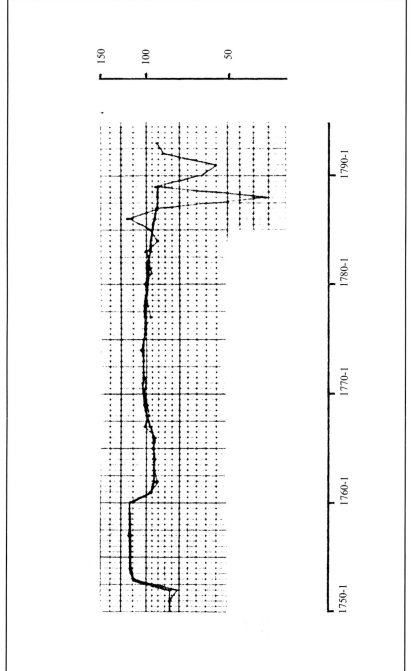

Grafiek 16: De kramers-, laken- en vlasaccijns in f. 100 courant; trendlijn: 9 j. voortschrijdend gemiddelde.

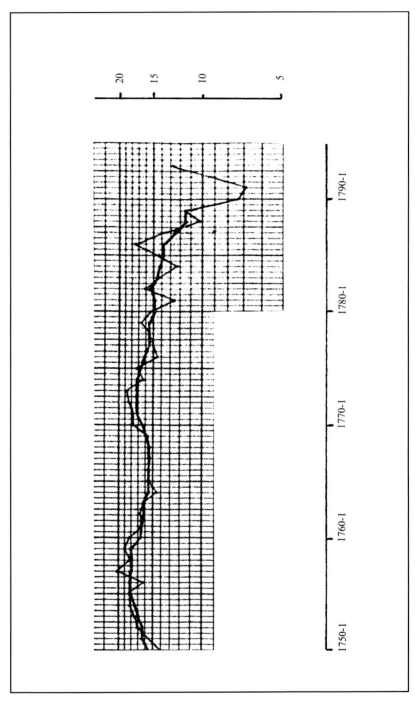

Grafiek 17: De handelsomzet, in f. 1000 courant aankoopwaarde, van de metaal-, glas- en aardewerkverwerkende bedrijven; trendlijn: 9 j. voortschrijdend gemiddelde.

bierproduktie hebben nochtans in ca. 1766-1776, respectievelijk in ca. 1770-1775 met een depressie af te rekenen gehad. Het landtransport kwam eerst na 1760 op dreef, maar slonk reeds na 1781; de transporten op het kanaal van Leuven naar de Dijle boven Mechelen vertraagden tijdens de periode 1775-1779, waren depressief in 1780-1782, maar hielden redelijk stand tot in 1790. Globaliserend mag over 1789 gezegd worden dat de crisistoestand te situeren viel op een hoog niveau van de conjunctuurcurve, maar dat de waarschuwing van een potentiële nabije nood sedert een volledig tot een half decennium goed begrepen in de lucht hing. De actieve bevolking verkeerde in een gewettigde alarm-toestand.

Anders was het gesteld met de ledernijverheid, met de metaal-, glas- en aardewerkverwerkende bedrijfjes, en met de handel in kramerswaren, laken en vlas; het conjunctuurbeeld van de tweede helft van de 18de eeuw was er in het algemeen dalend — een herstel even na 1770 niet te na gesproken — tot stabiliserend. Na 1780 was de achteruitgang niet meer te keren; de crisis van 1789 was er duidelijk aanwezig en na 1790 kwam het dieptepunt.

c. *Troebele Tijden*

Zowel louter lokale als nationaal-belangrijke gebeurtenissen hebben de revolutiesfeer te Leuven gevormd. Het edict van 17 maart 1783 ten nadele van de beschouwende orden schafte in dat jaar en in 1784 elf Leuvense instellingen af: het Sint-Maartensdal, de kloosters der witte-vrouwen, der kartuizers, der clarissen, der annunciaden, der onge-schoeide en der geschoeide karmelietessen, der dominicanessen, der celestijnen en de priorijen van Terbank te Heverlee en Bethlehem te Herent. De buiten de wallen gelegen afgeschafte instellingen werden verkocht; de gebouwen binnen de stad werden ofwel afgebroken met het oog op urbanisatieprojekten, ofwel voorbestemd om als militaire complexen te fungeren, ofwel ingeschakeld in het liefdadigheidswezen van de stad. De aanleg van een kerkhof buiten de stadswallen kwam het grievendossier tegen Jozef II nog aandikken. Het oprichten, op 17 oktober 1786, van het beruchte keizerlijk Seminarie-generaal was niet langer meer een interne stedelijke aangelegenheid; de wrevel tegen Jozef II's politiek bereikte in de winter 1786-1787 een kritiek punt. Toen in begin 1787 de afschaffing van de oude gerechtelijke instellingen afge-kondigd werd, ontstond het vanuit de Staten van Brabant geleide openlijke verzet. De in mei-juni van dat jaar door de centrale regering gedane toegevingen konden de gemoederen niet bedaren. Onlusten

Afbn. 2 en 3: De Franse Revolutie: ideologie …

braken links en rechts uit, mede door de aanwezigheid van aanhangers van de keizerlijke politiek in de magistraat, tussen de burgerij en in de rangen van het professorenkorps. In juli 1788 was het garnizoen nog slechts met moeite in staat om have en goed der keizerlijken tegen de volkswoede te beschermen. In die omstandigheden besloot Jozef II op 17 juli 1788 slechts de Faculteit van de Theologie en het Seminarie-generaal te Leuven te behouden en de Faculteiten der Rechten, der Medicijnen en de Artes vanaf oktober van dat jaar naar Brussel over te brengen. Op 4 maart 1789 werd de abdij van 't Park afgeschaft, omdat de abt bleef weigeren zijn theologanten aan het keizerlijk seminarie toe te vertrouwen. Vanaf juli kregen de opstootjes een geregeld karakter. De 26ste werd de stormklok geluid. Het garnizoen gelukte erin de opstand te onderdrukken. Daarop volgde een uitwijking der Patriotten. Toen het leger van generaal Van der Meersch na een succesrijke opmars uiteindelijk op 13 december Leuven binnenrukte, brak een vergeldings-actie los, die haar logisch vervolg kende in de partijtwisten tussen Statisten en Vonckisten welke zich parallel met de gebeurtenissen op nationaal vlak, ook te Leuven voordeden.

Op 2 december 1790 was de Oostenrijkse Restauratie in de Dijlestad voltrokken. Partijstrijd en woelingen namen daarom nog geen einde. Vinnig, maar zonder succes, verdedigden de Leuvense wethouders de stedelijke voorrechten tijdens de jaren 1792-1794, toen de wisselingen van regiem zich snel opvolgden: 20 november 1792, Dumouriez te Leuven; 22 maart 1793, weer de Oostenrijkers; 15 juli 1794, opnieuw en definitief, de Fransen ... Een bijna systematische plundering ving aan onder de nieuwe municipaliteit. De geprivilegieerde standen waarop de vroegere bestuursvorm rustte werden afgeschaft. Uitzondering gemaakt van de kloosters die zich met ziekenzorg bezighielden, werden de religieuze instellingen afgeschaft. Op 28 oktober 1797 onderging de Oude Universiteit hetzelfde lot. De stad verloor zelfs een flink deel van haar grondgebied: de buitenterritoria van de *Cuyp*. Een groot deel van de vroegere clerus, intellectuelen en kapitaalkrachtigen verlieten de stad. 1795 vormde het hoogtepunt van de crisis.

Spijts de morele heropleving onder het Directoire (1795-1797) — die zich uitte in een weer iets stijgende bevolking —, zou het duren tot het Consulaat en het Keizerrijk (1799-1814) vooraleer een heropleving en een begin van een terugkeer naar de vroegere „welvaart" zich aankondigden.

* *
*

... en wapengekletter.

1. De Bevolking: Vogels van diverse Pluimage

Leuven telde in 1755 15242 zielen. Voor de Oostenrijkse Nederlanden was het een middelgrote stad, vergelijkbaar met Mechelen, Bergen, Namen en Doornik. Brussel had er 54310, Antwerpen ca. 42400, Gent ca. 40000, Brugge en Luik ongeveer 28000. In 1784 woonden 20831 mensen in onze stad: dit betekende een stijging van 37% ten opzichte van het midden van de eeuw. 1800-1801 noteerde met 19498 een achteruitgang van bijna 7% sinds het hoogtepunt in de jaren 1780.

Met een ten overstaan van de bevolkingstoename op het Brabantse platteland fel vertraagd ritme, was de Leuvense stadsbevolking vanaf het laatste derde van de 18de eeuw gaan aangroeien. Na een daling van 16,4% ten overstaan van de jaren 1705-1714, tijdens dewelke de krijgsbedrijven van de Spaanse Successieoorlog een ongewone massa schuilende lieden binnen of in de onmiddellijke nabijheid van de Leuvense muren bij elkaar gejaagd hadden, bleef het inwonersaantal tot ca. 1745 praktisch constant. De Oostenrijkse Successieoorlog en in mindere mate de aanleg van het Leuvense kanaal naar de Dijle zouden de Leuvense demografische cijfers tijdens de periode 1745-1754 op een abnormale en op een tijdelijk-beperkte wijze naar omhoog gestuwd hebben. De volgende tienjarige periode betekende zelfs een scherpe regressie. Het laatste derde van de eeuw, samenvallend met de definitieve openstelling van de vaart, startte met een aangroei van bijna 18%. Reeds tijdens het decennium 1775-1784 begon dit ritme te slinken; de volgende tien jaren draaiden weer op een verstarring uit. Deze cijfers komen het hoger door ons geschetste conjuncturele beeld nog versterken. Het eeuweinde besloot met een daling.

Wanneer men dit beeld vergelijkt met de situatie in de andere Brabantse „hoofdsteden" en te Mechelen, dan blijkt de relatief gunstige Leuvense positie. Antwerpen kende een scherpe demografische daling van index 116,2 in 1706-1715 tot 72,3 in 1756-1765 en beleefde zelfs daarna geen herstel: index 99,6 in 1786-1795. Ook de stad Mechelen kreeg niet de gelegenheid om haar tijdens het midden en in de tweede helft van de 18de eeuw geleden verlies te herwinnen: index 104,6 in 1705-1714, en 82,1 in 1785-1794. Brussel echter zag tussen 1755 en 1784 zijn inwonerstal met 29,8% stijgen. Buiten Brabant volgde Gent het Brussels ritme, terwijl Brugge meer verwantschap met Mechelen en Antwerpen vertoonde. Als het 18de-eeuws demografisch vertoon in hogergenoemde steden tegenover de 17de eeuw bijzonder nadelig uitviel, dan was zulks voor Leuven hoegenaamd niet het geval.

Afb. 4: De triomf van Sint Norbertus, door Richard Van Orley (1726)
(Abdijkerk te Grimbergen).

Afbn. 5 en 6: De Oude Universiteit gesloten en afgebroken: het Sint-Donaas-college in de Kattestraat, de huidige de Bériotstraat, en de pedagogie van de Burcht in de Mechelsestraat (Charneux, Abbaye Notre-Dame de Val-Dieu) (Foto's K.U.Leuven)

Vooral de aanwezigheid van de Alma Mater had te Leuven een vrij talrijke groep religieuzen geconcentreerd. Volgens een schatting in verband met de graanbevoorrading van Leuven zouden Universiteit en kloosters in 1698 ca. één derde van de bevolking uitgemaakt hebben. De telling van 1755 sprak van 564 mannelijke seculiere geestelijken, van 417 vrouwelijke religieuzen, van 293 begijnen en van ca. 1480 studenten of bijna 20% van de stadsbevolking. De kerkelijke instellingen telden 1382 onderhorigen, dit is 9% van de stadsbevolking. Voeg daarbij nog 189 inwonende familieleden en huispersoneel en men bereikt 10,3%.

De omvang van de vlottende universitaire studentenmassa is veelal slechts via benaderende tellingen en gissingen bekend; vaak duikt het blijkbaar uiterst maximaal getal 2000 op. Wanneer men enig verband aanvaardt tussen het hoger geciteerd cijfer ca. 1480 en de inschrijvingen op de rol, dan zou de 18de-eeuwse evolutie van de studentenbevolking er als volgt uitgezien hebben: 1715-1724 ca. 1095, 1730-1739 ca. 1370, 1740-1749 ca. 1340, 1760-1769 ca. 1620, 1770-1779 ca. 1880, 1780-1789 ca. 1290 en 1790-1797 ca. 1000. Het totaal aantal suppoosten (de professoren en het personeel incluis) bedroeg in 1755 1647 personen, m.a.w. 10,8% van de stadsbevolking); hun cliëntele van familieleden en huispersoneel omvatte 400 zielen of 2,6%. Deze 13,4% Alma Mater-mensen en de hogervermelde 10,3% kerkelijke ondergeschikten vormden bijna één vierde van de te Leuven verblijvende massa.

Voor deze geestelijke en deze universitaire aanwezigheid in Leuven waren de jaren 1780 en 1790 bepaald ongunstig. Het edict van 17 maart 1783 tegen de contemplatieve orden trof 221 religieuzen, van wie nochtans bijna de helft te Leuven bleef wonen. Na de uitvoering van dit edict telde men in 1784 nog 212 seculiere priesters, 103 priesters-studenten, 391 reguliere priesters en 245 kloosterzusters, of samen 951 geestelijken. De parochiegeestelijkheid, door wie de telling uitgevoerd was, had het echter vertikt preciese gegevens betreffende de studentenbevolking mee te delen. Aanvaardt men echter het benaderende cijfer 1290, dan vertegenwoordigen geestelijken en suppoosten het procentueel aandeel van 10,8 ten opzichte van het totaal der stedelijke bewoners en stelt men een daling vast van meer dan 50% ten overstaan van 1755. De inschrijvingsnoteringen illustreren op een treffende wijze in welke mate de door de algemene, en in het bijzonder door de religieuze politiek in binnen- en buitenland beïnvloede tijdsomstandigheden de studenten-massa vanaf 1780 definitief in een regressieve fase gedrongen hadden. De tijdelijke overplaatsing naar Brussel van de Faculteiten der Rechten, der Medicijnen en de Artes, vanaf oktober 1788, vormde een climax in deze teloorgang.

De Brabantse Omwenteling was een gelegenheid enerzijds voor sommige kloosterlingen om hun klooster terug in bezit te nemen, anderzijds voor de universitaire gemeenschap om naar Leuven weer te keren. De komst van de Fransen zette echter een domper op deze „revival": in 1800-1801 beperkte het officieel geregistreerd aantal geestelijken (de Universiteit was in 1797 afgeschaft) zich tot 393 zielen, d.w.z. 2% van de stedelijke bewoners.

Het hoeft geen betoog dat een dergelijke maaiactiviteit in een groep die eens ca. 25% van de stadsbevolking uitgemaakt had, en die over voldoende middelen beschikt had om de lokale consumptie zwaar te determineren, de Leuvense economie geen goed gedaan heeft. Zulks wordt treffend geïllustreerd o.a. door het curveverloop in grafiek 6 (het bierverbruik).

Ook de gewone burgerbevolking ondervond de demografische nadelen van de tijdsomstandigheden. In eerste instantie was een minderheid uitgeweken wegens politieke motieven; deze beweging herhaalde zich na iedere regiemwisseling. Verder blijkt uit de verleende politiepaspoorten dat tientallen werklui gedurende het laatste kwartaal van 1789 Leuven verlieten om in het Luikerland en ook wel eens in Vlaanderen werk te zoeken. Reeds tijdens de periode 1783-1787 was de normale immigratie in de stad beneden peil gebleven en ook de periode 1798-1801 werd op dit punt als erg ongunstig genoteerd. Al deze migratorische bewegingen betekenden een verlies van demografisch potentieel.

Terwijl de geestelijkheid en de leden van de universitaire gemeenschap slechts tijdelijk in hun bestaan als klasse getroffen en bedreigd werden, hebben de drie Leuvense stedelijke machtsgroepen door de vestiging van de Franse Republiek een definitieve streep zien trekken onder hun carrière van geprivilegieerde bestuursstanden. Sinds het laatste kwart van de 14de eeuw was de stad inderdaad geregeerd door de vertegenwoordigers van de patricische geslachten, d.w.z. de afstammelingen van de oude Sint-Pietersmannen, door de leden van de hoge en de lage zijde van de gilde der dekenij, en door de overdekens en dekens van de natiën en de ambachten.

Aan het hoofd van de stedelijke magistrale hiërarchie stond de meier, een vorstelijk officier bekleed met een juridisch-supervisorische macht. Hij stamde wel uit, maar behoorde niet tot de effectieve electorale politieke machtsgroep. Een tribunaal van zeven schepenen (vier uit de geslachten, een gildebroeder uit de lage zijde en twee natiënmensen)

Afb. 7: Een groep Leuvense stadsregeerders en hun ambtenaren bij de overleg-
ging van de grote stadsrekening, door L. Volders (1703) (Stadhuis Leuven)
(Copyright A.C.L.).

vormde de gewone rechtbank. Samen met de raad der gezworenen vormden de schepenen de met het dagelijks bestuur belaste magistraat. De éénentwintig gezworenen of raadsleden (elf patriciërs en tien natiën-leden) traden in de praktijk nooit zelfstandig op. De twee burgemeesters (één patriciër en één ambachtsman) maakten deel uit van de gezworenen-groep. De opperburgemeester was tevens president van de rechtbank der geslachten. Van de twee rentmeesters van de stedelijke grote reke-ning was één een natiënman en was de andere een lid van de lage zijde van de gilde der dekenij. Vier gildebroeders van de lage zijde en vier uit de hoge zijde (geslachten) vormden een soort handelsrechtbank. De buitenraad of „grote gemeente", die de belastingen voor de vorst stemde, de houding van de stadsafgevaardigden op de provinciale Statenvergaderingen bepaalde en de door de magistraat gestelde pro-blemen oploste, was samengesteld uit vier groepen: het corpus der geslachten, de gildedekens, de drieënzestig overdekens en dekens van de natiën, respectievelijk van de ambachten, en tenslotte de magistraat of „vollen raad".

Niet ieder lid van deze drie politieke standen participeerde ooit eens in het stadsbestuur, maar iedereen kon toch via zijn stemrecht op een der vele trappen van het besluitvormingsproces het stedelijk beheer mee helpen richting geven.

Erg talrijk waren de twee eerste van deze groepen niet. Het semi-adellijke geslachtenpatriciaat, dat vanwege de politieke invloed vaak door kunstgrepen (o.a. het verkrijgen van lidmaatschap via een niet zelden heel verre afstamming langs vrouwelijke lijn) in het leven werd gehouden, was familiaal verbonden met de gelijkaardige Brusselse geslachten en met de landadel van Brabant. In 1755 vormde deze stadsadel, inwonende familieleden incluis, niet eens 0,50% van de bevolking. De lage zijde van de gilde der dekenij was een college van 14 personen, meestal juristen, handelaars en ambachtsmeesters die zich uit het zakenleven hadden teruggetrokken, en van hun domeinen levende „renteniers". Niet zelden vormde een opname in de gilde voor een familie van ambachtelijke oorsprong voor een volgende generatie een springplank naar de groep der geslachten. De gildemensen en hun familiale aanhang waren goed voor 0,24% van de Leuvense inwoners. Sociaal-economisch gezien was er nauwelijks een verschil te merken tussen een geslachtenlid en een gildeman. En natuurlijk behoorde het handwerk tot de sfeer van geen van deze beide politieke standen.

Heel anders was het gesteld met de talrijke groep der ambachtslieden. De ambachten waren gegroepeerd in tien natiën: de brouwers, de kramers, het groot ambacht, de beenhouwers, de bakkers, de kleermakers, de vettewariers, de schoenmakers, de hoveniers, en de chirurgijns. Men kan zich afvragen wat het samenvoegen van de onderscheiden ambachten tot één natie bepaald heeft. Soms blijkt men rekening te hebben gehouden met enige onderlinge verwantschap der stielen; voor wat de bakkersnatie betreft, was dit zó, want zij groepeerde de bakkers en de molenaars. Wat moet men echter wel denken van het agglomeraat van de hoveniersnatie: de hoveniers, fruiteniers en de mandenmakers, de linnen-, de tijk- en de servetwevers, en de wijntaverniers? Het is duidelijk dat men zich in het verleden (want wij geven de situatie in de 18de eeuw) al eens had laten leiden door het streven om een onderling numeriek evenwicht te bekomen, of om sommige lasten, bijvoorbeeld van de groepen in de stadsprocessies, niet meer door een verzwakt groepje alleen te laten dragen: nieuw-opgerichte ambachten werden „geparachuteerd" waar een plekje vrij was gekomen.

Onder de ambachten ressorteerden theoretisch de stemgerechtigde meesters, de werklui met meesterstitel (vooral de meesterszonen), de vrije knechten, die in het ambacht een opleiding genoten hadden, de leerknechten, de onvrije knechten, d.w.z. degenen zonder opleiding, en de vreemde knechten of niet-Leuvense ambachtsknechten al dan niet met een opleiding elders. In de praktijk waren alleen de meesters effectief werkende leden van het corps; deze mensen én hun gezinsleden telden in 1755 samen 27,29% van het totale Leuvense inwonerstal. De stemgerechtigde standen (7,63% was stemgerechtigd) verzamelden iets meer dan 28% van de totale bevolking.

Niet alle zelfstandige beroepen, zelfs niet alle officiële ambachten, maakten deel uit van of schaarden zich onder de politieke vleugels van het natiënwezen. Zo het op 18 januari 1720 opgerichte glazenmakers-ambacht, en de tijdens de tweede helft van de 18de eeuw min of meer vaste beroepsgroep van de zilversmeden. De ambachten bezaten van praktisch alle produkten op de markt van de lokale verdelingshandel het monopolie. De resterende produkten werden door de poorters-neringdoeners en andere niet-ambachtelijke kleinhandelaars verkocht, bijvoorbeeld: citrusvruchten en brandewijn. In 1755 bestond de groep der poortersneringdoeners en hun gezinsleden uit 2,56% van de stads-bevolking. Ook deze massa, die wij — tenminste op Leuvens vlak — niet als een stand mogen kwalificeren, verloor haar juridische bestaans-zekerheid bij de vestiging van de Franse Republiek.

Onderbreken wij even ons betoog voor enige uitleg over het poorter-schap, een status op dewelke de poortersnering zich juridisch baseerde.

Het poorterschap in kwestie was een (Brabants) binnenpoorterschap, een soort burgerrecht van wie in de stad woonde en dit verkregen had door geboorte (men erfde het van zijn vader) op het Leuvens territorium (stad en *Cuype*, en sinds 1750 ook de vaartterreinen tussen Leuven en het Zennegat boven Mechelen). Gekochte poorters waren vreemdelingen die dit burgerrecht verkregen hadden in ruil voor een som geld. Dit bedrag dient verstaan als een soort participatie in de vroeger door de „oudere" poorters via de fiscaliteit betaalde uitgaven, voor de financiering van publieke nutsvoorzieningen bijvoorbeeld. Het poorterschap werd uitzonderlijk gratis geschonken, o.a. aan neringdoeners die nieuwe produktietechnieken in de stad brachten. Men kon het ook verdienen, veelal door gedurende de nodige tijd een vondeling op te voeden. Sinds het midden van de 17de eeuw was het middeleeuws buitenpoorterschap (buiten de stad wonen en toch stedelijk lid blijven) verdwenen en was ook het middeleeuws rechtsgebruik dat een verblijf van één jaar betekenisvol was voor het verwerven van het poorterschap volledig in onbruik gemaakt. Gekochte poorters waren schier altijd toekomstige ambachtslieden (want het poorterschap was een conditio sine qua non bij de aanvaarding) en ook al eens hogere en lagere stadsbeambten.

Het poorterschap was geen vereiste om groothandel, export of commissiehandel te drijven of om in de geldhandel zijn brood te verdienen. Tijdens de 18de eeuw werden verschillende bedrijven opgericht die produceerden buiten het klassiek ambachtelijk verband: zeepziederijen, een glasblazerij, een potasfabriek, een porseleinmanufactuur, een klokkengieterij, en zoutziederijen. In de telling van 1755 vindt men van de toenmaals bestaande „fabriekjes" nauwelijks enig spoor, omdat de meeste bedrijfsbazen ook nog lid van een ambacht waren teneinde ook ter plaatse te kunnen leveren. Klokkengieter Andreas Van den Gheyn ressorteerde zó als lid van het smedenambacht onder de natie van het groot ambacht, en zeepzieder Hendrik Van den Berck was lid van het vettewariersambacht. Echte groothandelaars telde de stad pas van zodra in de jaren 1760 de economische groei van het kanaal naar de Dijle boven Mechelen aan een trage, maar zekere opgang begon (grafiek 13). Echte bankiers heeft Leuven in die jaren nooit gekend. Ofschoon enige personen (meestal rentmeesters van officiële rekenkassen) zich met bankverrichtingen onledig hielden, was het handelspapier er moeilijk verkrijgbaar; ook universitaire colleges traden al eens op als geldschieters op korte termijn.

De stad herbergde nog een groep niet-ambachtelijke middenstanders:

landbouwers, koetsenverhuurders, muzikanten, een koopman in gist, een balspeluitbater, een factores (die de schakel vormde tussen de kantwerksters en de kantkooplui), enz. In totaal 0,49%.

Indien ons overzicht de indruk zou geven van het bestaan van goed afgescheiden beroepsgroepen tijdens het Oude Regiem, dan willen wij dit ten stelligste ontkennen. Niet alleen werden bepaalde bedrijven wegens voor de hand liggende redenen zeer vaak gecombineerd, bijvoorbeeld de brouwerij en de tonnenmakerij (verpakking), maar zelfs zeer vreemd aandoende cumulaties waren niet uitzonderlijk, bijvoorbeeld het beroep van notaris en enige ambachtelijke bezigheid. Een griffier van één der drie stedelijke schrijfkamers van de schepenbank was eigenlijk tegelijkertijd een ambtenaar en een vrije ondernemer, want hij werd door de particulieren voor wie hij officiële stukken schreef betaald en was meestal ook nog notaris — om van andere lucratieve bezigheden niet te spreken.

De vrije ondernemers uit de gerechtelijke sfeer (advocaten, notarissen, procureurs (pleitbezorgers eigenlijk) en de deurwaarders) en de andere vertegenwoordigers van de later „vrije beroepen” genoemde „stielen” groepeerden samen met hun gezin in 1755 ca. 0,50% van het totaal der Leuvense inwoners. De ambtenaren van de openbare diensten, zowel hertogelijke, provinciale als stedelijke en landelijke, vertegenwoordigden 2,66% van het totaal.

De werkliedenklasse was een evenmin gemakkelijk te omschrijven groep. Daaronder schuilden zowel de hogervermelde ambachtelijke niet-stemgerechtigde suppoosten, de gespecialiseerde handarbeiders en -arbeidsters met een onofficiële beroepsvorming (spinsters, breisters, zagers, naaisters, wasvrouwen, voerlui, riet- en bezemmakers, kantwerksters), en de zgn. ongeschoolde dagloners. Samen met hun gezinnen waren zij goed voor 20,46%. Misschien kan een deel van de ongeveer 5% „onbekenden” ook nog tot deze groep gerekend worden? Het dienst- of huispersoneel, 9,75% van de bevolking, mag niet uit het oog verloren worden. De aanwezigheid van meiden en knechten in een huishouding was beslist geen uiterlijk teken van een redelijke tot hoge welstand, want men treft deze mensen aan bij alle trappen van de sociofinanciële ladder: niet zelden waren hun „pécuniaire” verdiensten onbestaand en werden zij slechts in natura (voedsel, onderdak, verwarming en kleding) vergoed.

Tijdens het Oude Regiem werkten te Leuven tal van liefdadigheidsinstellingen. In de schaduw van de vijf stedelijke parochies, Sint Pieter, Sint Gertrudis, Sint Jacob, Sint Michiel en Sint Kwinten, waren de

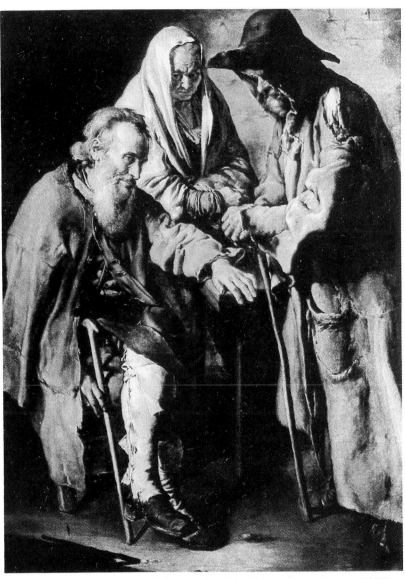

Afb. 8: De bedelaars (1736), leden van hetzelfde internationaal verspreid West-Europees dompelaarsgild, door M. Cerruti (1666-1748) (Verzameling Thyssen-Bornemisza).

voornaamste liefdadigheidsinstellingen ontstaan; de parochiale geestelijkheid oefende, vaak terzijde gestaan door stedelijke vertegenwoordigers, de superintendantie uit over het beleid der H. Geestmeesters, der huisarmenmeesters en hun respectieve rentmeesters in de tafels van de H. Geest en in de instellingen der Schamele Huisarmen. In tegenstelling tot de andere parochies van de stad, was de Grote H. Geesttafel van Sint Pieter nog geflankeerd door een Tafel van de H. Geest der Vijf Parochies; hun competentie breidde zich bij bepaling over de hele stad uit. De meeste parochies telden ook armenscholen (drie voor Sint Pieter en één voor Sint Gertrudis en voor Sint Kwinten) en allerhande liefdadige stichtingen.

Onafhankelijker qua beheer, maar wat de grootste betreft, toch min of meer geassisteerd door leden uit het stedelijk bestuursmilieu, waren het Groot Hospitaal, de godshuizen voor ouderlingen en voor behoeftigen, de weeshuizen en andere armenscholen. Het Groot-Ziekengasthuis werd bediend door een religieuze gemeenschap onder de leiding van een pastoor en van een moeder-overste. Onder de godshuizen tellen wij er vier voor oude mannen: het godshuis der Twaalf Apostelen, dit der Zeven Slapers, de fundatie Lodewijk van Heylewegen en het godshuis van O.L.Vrouw-van-Zeven-Smarten. De instellingen ten voordele van oude vrouwen waren zes in getal: het godshuis van Sint Barbara, de fundaties Arnold van Halvermeylen en van Sint Anthonius, verder het godshuis der Vijf Arme Vraukens of der Vijf Wonden Christi en tenslotte de 18de-eeuwse stichtingen, nl. de fundatie Jezus-Maria-Jozef en de fundatie Jan van Opstal. De 18de-eeuwse fundatie Cnobbaert was een godshuis voor arme vrouwen die gingen bevallen. In de stichtingen van de weeshuizen was een schoolopleiding voor de arme kinderen voorzien: het Vondelingenhuis, sterk gepatroneerd door de stad, het weeshuis van Santfoort, de fundatie Anthoon Noël Clocé, de fundatie van de Kuythoek, en tenslotte deze van Broeckman-Larchier. Naast de oudere liefdadige stichtingen, waarvan sommige omwille van hun financiële zwakte verdwenen of geïncorporeerd werden in de traditionele of in nieuwe fundaties, leverden de 17de en de 18de eeuw belangrijke bijdragen tot de leniging van de noden der behoeftigen. De creatie van kleine hulpfondsen of particuliere fundaties verbonden aan grotere charitatieve instellingen bleef tevens tot op het einde der 18de eeuw voortduren. Ook beschikten praktisch alle geestelijke communauteiten, de stedelijke groeperingen, zoals ambachten en schuttersgilden, en de universitaire instellingen over liefdadige steunfondsen.

Nauw verwant met de charitatieve instellingen waren verder het klooster der zwartzusters en dit der alexianen, die de ziekenverpleging ten huize en de verzorging van krankzinnigen beoefenden. Ook de begijnhoven dienen hier vermeld. Het Groot-Begijnhof met zijn H. Geestinstelling, zijn infirmerie en zijn overtalrijke fundaties voor arme begijntjes, had, zoals het Klein-Begijnhof van Sint Catharina, een semireligieus en een semi-sociaal-charitatief karakter.

Het is van deze instellingen dat een heel stel armen steun genoot of in dergelijke organisaties dat een heel wat geringer aantal een onderkomen gevonden had. Slechts de laatstgenoemde groep bleek voor zijn bestaan volledig van een charitatief organisme afhankelijk; de anderen zagen hun gewone middelen van bestaan aangevuld met steungelden. Met deze situatie voor ogen begrijpt men dadelijk dat ook wat deze „marginale" groep betreft, de scheidingslijnen met andere socio-financiële en beroepsklassen zéér moeilijk te trekken vallen. Tot een heel stuk in de 19de eeuw was de charitatieve politiek van de officiële, de para-officiële en de privé-armenzorg er op gericht iedereen in de maatschappij op zijn plaats te houden. Werd het evenwicht op een standplaats voor korte of langere tijd bedreigd door ziekte, ongevallen, werkloosheid, ouderdom enz., dan werd ingegrepen. Steun werd verleend op alle lagere trappen (ook op middenstandsniveau!) van de samenleving. De „officiële" armengroep, bij dewelke wij ook de officiële bedelaars rekenen, en die ca. 6,85% van de bevolking uitmaakte, zal in haar gelederen zowel echte lediggangers als lieden van de werkliedenklasse, dagloners en dienstpersoneel laten schuilen hebben.

Na de door de wet van 9 vendémiaire IV (1 oktober 1795) geproclameerde annexatie der „Belgische" gewesten bij Frankrijk, konden de Franse wetsbepalingen betreffende de weldadigheid — voornamelijk het artikel 23 van de constitutie van 6 messidor I (24 juni 1793) en de wet van 24 vendémiaire II (15 oktober 1793) — en betreffende de nationalisatie der „dode handsgoederen" — de wet van 23 messidor II (11 juli 1794) — ook in onze gewesten van kracht worden. De wet van 16 vendémiaire V (7 oktober 1796) zou op een vrij definitieve wijze de organisatie van de publieke weldadigheid en van het gast- en godshuiswezen regelen: alle tot dan toe bestaande liefdadigheidsinstellingen verloren hun autonomie ten voordele van Bureaus van Weldadigheid en van Commissies van Burgerlijke Godshuizen.

O.a. ook te Leuven was het Weldadigheidsbureau in de plaats gekomen van de vroegere Tafels van de H. Geest en van de fundaties der Schamele Huisarmen. De Godshuizencommissie zou een hele massa min of meer belangrijke particuliere stichtingen en het domein van kloosters met charitatieve doeleinden dienen te beheren. Deze massa moest echter grondig hervormd worden. Een eerste amalgaam dateerde van 1806; de reorganisatie van 1810 was van een meer definitieve aard. Dat, in het licht van deze zeer zware tweevoudige omschakelingsoperatie, het eeuweinde bij bepaling erg ongunstig uitgevallen is voor de steunbehoevers valt licht te begrijpen. A fortiori wanneer men weet dat die hulp ook nodig was, omdat de hongercrisissen toen evenmin afwezig bleven!

Besluiten wij dit overzicht van de Ancien Régime-maatschappij met een financieel heel wat sterkere groep: de residerende edellieden en de renteniers. Leuven herbergde twee groepen mensen die behoorden tot een stand die onrechtstreeks langs de Staten van Brabant enige vertegenwoordiging bezat bij de Brabantse landheer: de adel en de geestelijkheid hadden, via hun vertegenwoordiging in de provinciale Staten, hoezeer deze ook bestond uit de top van hun onderscheiden groepen (de hoge zeer plutokratische edellieden en twaalf abdijen), enig deel in de besluitvorming van het hertogdom. Voor de reeds hoger besproken geestelijke stand waren dit op Leuvens plan de abdijen Vlierbeek, 't Park en Sint Geertrui. Een hoge adel leefde nauwelijks te Leuven; de functie van regionale residentieplaats en de aanwezigheid van de Universiteit brachten met zich dat een (eerder gering) aantal van deze mensen in de stad woonde en er de plaatselijke consumptie bevorderde. Vaak waren die edelen verwant met het politieke geslachtenpatriciaat; sommigen maakten er zelfs deel van uit, bijvoorbeeld de Van den Berghe de Limmingens. Niet iedere edelman kreeg een dergelijke integratiekans of was geïnteresseerd in het verwerven van een dergelijk stemrecht. De scheiding bestond slechts op politiek vlak: in het sociaal leven behoorden beide groepen, zoals gezegd, vaak tot hetzelfde sociale niveau. De adellijke groep bestond uit nauwelijks 0,26% van het totaal inwonerstal.

De Dijlestad had binnen haar muren ook een aantal lieden voor wie geen actief beroep werd geregistreerd, maar die in hun onderhoud voorzagen dank zij de opbrengst van hun eigen goederen. Het gaat over renteniers, zgn. ,,geestelijke dochters" (gegoede kwezels zou men hen nu noemen) en kamerverhuurders. Het verhuren van huiskwartieren, fel geactiveerd door de aanwezigheid van vele niet in universitaire instellingen gehuisveste hoogstudenten, werd in de telling van 1755 werkelijk ondergeregistreerd omdat deze bron van inkomsten nauwelijks genoteerd staat bij personen die een ,,klassieke" beroepsbezigheid uitoefenden.

54

Leuven telde in het midden van de eeuw zo een 1,14% dergelijke renteniers van zéér diverse aard.

Uit dit overzicht is gebleken hoe weinig homogeen de massa volk geweest is welke de stad Leuven in het midden van het Oude Regiem bevolkte. Politiek-bestuurlijk en gerechtelijk schaarden zij zich niet achter dezelfde vlag; de universitaire onderdanen vormden zelfs een compleet afgescheiden eenheid. De anderen vertoonden een puzzelbeeld met zowel sterke tussenschotten als een massa nu eens grovere en dan weer fijnere verbindingskanaaltjes. Men kan dit weinig homogeen amalgaam proberen te filtreren en er de institutionele vezels van te verwijderen. Het resultaat is dan een schare personen en gezinnen waarvan iets meer dan 2% hun inkomsten uit domeingoederen en renten betrok, bijna 23% tot de geestelijke stand behoorde of universitair suppoost was, minder dan 0,5% een vrij beroep uitoefende, ca. 2,5% in overheidsdienst werkte, 40% handel, industrie of landbouw bedreef, 7,5% diende als meid of knecht, 17% van een vrij onregelmatig loon als ongeschoold dagloner moest zien rond te komen, en bijna 7% als arm (al dan niet officieel ondersteund) geregistreerd stond (tabel 2).

In 1789 stond dit beeld nog volledig overeind. Het had echter reeds van verschillende zijden klappen moeten incasseren. Slechts aan de kant van de kerkelijke en de universitaire suppoosten waren, zoals gezegd,

	1775	*zonder* B	*1800-1801*	*zonder* B	*1846*
A. eigenaars en renteniers	2,11	2,74	5,42	5,53	3,61
B. geestelijkheid en universitaire suppoosten (onderwijs in 1846)	22,82	–	2,02	–	7,7
C. vrije beroepen	0,43	0,56	1,67	1,71	1,66
D. overheidspersoneel	2,66	3,44	2,68	2,73	3,27
E. handel, nijverheid en landbouw (zelfstandigen en geschoold personeel)	40,32	52,25	49,63	50,66	48,43
F. dienstpersoneel	7,52	9,75	5,28	5,39	9,74
G. dagloners en „onbepaalden"	17,29	22,29 } 31,26	30,83	31,46 } 33,98	} 18,37
H. marginalen („armen")	6,85	8,87	2,47	2,52	

Tabel 2: Procentueel Aandeel van de Leuvense sociaal-economische Groepen, 1755-1800/1-1846.

echte wonden geslagen; samen met de andere door de hervormingen van Jozef II politiek aangevallen standen zouden zij echter het tij tijdelijk in een conservatieve zin weten te keren. Schier verdwenen na de Franse annexatie — in 1800-1801 vormden alleen de geestelijken nog een groepje van 2,02% —, zouden zij in de loop van de 19de eeuw te Leuven langzaam weer een belangrijker deel van de bevolking gaan uitmaken. Verdwenen tijdens de Franse Republiek de (geprivilegieerde) standen, als sociaal-economische individuen waren hun vroegere onderhorigen beslist nog aanwezig. Hanteren wij voor de volkstelling van 1800-1801 dezelfde sociaal-economische opdeling als voor die van 1755, dan merken wij dat zich te Leuven, behalve voor Kerk en Universiteit, weinig grondige veranderingen of verschuivingen hebben voorgedaan (tabel 2). Het relatieve karakter van procentuele bedragen beïnvloedt natuurlijk het visuele beeld; daarom hebben wij in een tweede fase van onze becijfering geestelijken en universitaire suppoosten uit het totaalbeeld geëlimineerd. 1800-1801 gesteld tegenover 1755 vertoonde een te onthouden aandikking van bijna 3% eigenaars en renteniers en van iets meer dan 1% vrije beroepslui; het overheidspersoneel was ca. 0,7% minder belangrijk en het dienstpersoneel bijna 4,5%. Voor de andere groepen viel nauwelijks enige kwantitatieve verschuiving te noteren. In grote lijnen genomen was het „burgerlijk" sociaal-economisch portret van Leuven tussen 1750 en 1800 ondanks de revolutionaire schokken dus niets veranderd (tabel 2). Het verschil opgeleverd door het „armenbeeld" kan veroorzaakt zijn zowel door de onderling ongelijke begripsinhoud, als door de hoger gesignaleerde administratieve crisis in het officiële charitatieve bestel. De door ons uitgevoerde samenvoeging met de dagloners is wel geen ideaal, maar helpt toch enigszins visueel het foutieve uit dit onderdeel van ons totaalbeeld verwijderen.

Tussen de bestuurders van het Oude Regiem en die van de Franse Tijd is deze continuïteit zeker niet terug te vinden. Daarvoor waren de politieke structuren toch te zeer gewijzigd geworden. Bij de aanvang van het nieuwe regiem was de aanwezigheid van vroegere gezagdragers erg zwak. Tijdens de tweede Franse bezetting bedroeg zij 20,2, en onder het Directoire 19,1%. Het Consultaat en het Keizerrijk noteerden toch al opnieuw 36,1%. Dezelfde terugkeer, veroorzaakt door het feit dat de verkiesbaren tot de rijkste klassen behoorden en in de begin-19de-eeuwse financiële stratigrafie heel wat Ancien Régime-rijken (geslachtenleden en edellieden) hun vroegere leiderspositie behouden hadden, treft men ook elders aan, o.a. te Antwerpen. De 19de eeuw werd gekenmerkt door een bestuur waarvan de mandaten verdeeld waren onder juristen (advocaten en notarissen), ambachtslui, onder wie vele brouwers, en groothandelaars. Het Leuvense Oude Regiem had ook zijn „politici-juristen" gekend (men vond hen onder de leden van de geslachten en van de gilde), maar het bood weinig ruimte voor advocaten en geen voor notarissen; bij de ambachtsleden waren de zetels die aan een brouwer konden vallen institutioneel beperkt en de handelaars-buiten-het-ambachtswezen hadden nooit enige kans gekregen.

2. Een regionaal Centrum met een belangrijk Hinterland

Wanneer wij nader ingaan op de inhoud van punt E van tabel 2, kunnen wij een beeld ophangen van de waarde van de Leuvense economische sectoren tijdens de tweede helft van de 18de eeuw en het begin van de 19de. Een voor de hand liggende vaststelling betreft hun evolutie tussen 1755 en 1800-1801; tabel 3 toont een schier volkomen inertie, een bijna-beweegloosheid welke onmiddellijk een zéér prangende vraag oproept over de rol van hét nieuwe element bij uitstek van de infrastructuur uit die jaren, nl. van het kanaal van Leuven naar de Dijle boven Mechelen. Het is tevens duidelijk dat, zo men niet kan beweren dat de sectoren elkaar procentueel waard waren, dan toch evenmin mag gezegd dat één of meer onder hen met hoofd en schouders boven de andere uit torende. Beseffen wij wel dat de „van nationaal belang" genoemde brouwindustrie in de ca. 25 à 23 % van de voeding en genotmiddelen schuilging en deze plaats moest delen met de graanhandel en de algemene voedseldistributie, en dat de hoge cijfers voor kleding en textiel ook de niet-geringe groep kantwerksters en breisters in hun rangen schaarden en geenszins wijzen op een stelselmatig georganiseerd fabricageproces van pré-industriële aard. Ten opzichte van het einde van de 17de en het begin van de 18de eeuw was het belang van het kledings- en textielbedrijf verdubbeld. Allereerst door de abnormaal sterke toename van het aantal oudkleerkopers, verder door de verschijning te Leuven van het spinnen als vrouwelijk huisbedrijf, en tenslotte door de zeer sterke aangroei van het kantwerkstersberoep. Al deze elementen vinden hun verklaring in de toename van de armere volksmassa. Samen met de stijging in de handelssector, was de groei van het kledings- en textielbedrijf verantwoordelijk voor de algemene kwantitatieve toename van de handeldrijvende en producerende klasse. Het waren dus vooral ambachtsvreemde elementen, spinsters, kantwerksters en handelaars, die tijdens de eerste helft van de eeuw die evolutie bewerkt hadden.

	1755	1800-1801		1846	
voeding en genotmiddelen	25,63	22,63		24,31	
kleding	} 44,90	35,06	} 49,23	13,92	} 35,16
textiel		14,17		16,24	
hout	} 13,90	9,44	} 13,40	9,56	} 16,18
bouw		3,96		6,62	
metaal	3,86	4,31		4,49	
leder	6,54	6,18		9,15	
(groot)handel en vervoer	0,95	2,12		7,22	
boekdrukkerij en kunst	1,70	0,74		1,13	
„varia"	2,52	1,39		2,36	

Tabel 3: Procentueel Aandeel van de Leuvense economische Sectoren, 1755-1800/1-1846.

Het cijferbeeld van tabel 3 was te Leuven zeker reeds vanaf de 15de eeuw aanwezig; het stond voor een regionaal handelscentrum, voor de hoofdplaats van een stuk agrarisch getint hinterland, bestippeld met zeker één kleine stad (Tienen; tijdens de tweede helft van de 18de eeuw flinker dan vroeger in ontwikkeling), een aantal grotere tussendorpen met ietwat centralere opdrachten (bv.: Lubbeek) en met een groot aantal kleine dorpen gekenmerkt door een volledig afwezig zijn van de meer gespecialiseerde beroepen. Enkele voorbeelden: de volkstelling van 1755 vermeldt expliciet een aantal boerenkleermakers te Leuven, en van de andere kant zou men buiten de Dijlestad, op het platteland, vruchteloos gezocht hebben naar gespecialiseerde luxe-broodverdiensten als deze van kunstschilder, horlogemaker en zilversmid.

Het Leuvens hinterland omvatte zeker sinds de 16de eeuw een territorium ongeveer (de grenzen waren rekbaar) afgepaald door La Hulpe, Tervuren, (Erps-)Kwerps (ca. de grens van het Kwartier Brussel), Tildonk (ca. de grens van het Land van Mechelen), Werchter, Betekom, Gelrode, Zichem, Halen, Neerlinter, Dormaal, Landen, Lens-Saint-Rémy, Grand-Leez, Genappe en Genval. Het gebied bestreek dus de landen rond de stad en ook nog verder zuid- en zuidoostwaarts tot ver over de huidige taalgrens in Waals-Brabant (een deel van het graangebied van Haspengouw). In tegenstelling tot het beeld dat wij krijgen van de streek ten westen van het Leuvens hinterland, nl. het Kwartier Brussel, ontdekken wij hier een regio die weinig tot geen „industriële" activiteiten vertoonde en schier compleet op de primaire sector, op de landbouw, ingesteld was.

Binnenstedelijk had dit voor gevolg dat de verhandeling en de verwerking van de Hagelandse en Haspengouwse landbouwprodukten de ruggegraat van de economie gingen uitmaken. Graanhandel, maalderij, bierbrouwerij, bierhandel, jeneverstokerij (uit het brouwgoed), vetmesterij van hoornvee (met het stookgoed) vormden zó een cyclus, rechtstreeks geënt op dit agrarisch overwicht.

De levensmogelijkheden van Leuven bleven afhankelijk van vier traditioneel te noemen, minstens uit de 17de eeuw stammende, stedelijke functies: 1° leidend administratief-cultureel centrum van heel het zuidoosten van het hertogdom Brabant; 2° voornaamste agrarische markt van dit gebied; 3° voorzieningsplek van de lokale materiële behoeften en van de meer gespecialiseerde noodzakelijkheden van het ommeland; 4° gewestelijke residentieplaats met werkverschaffing aan een talrijk dienstpersoneel. Leuvens aloude rol van verkeersknooppunt had na 1750 een nieuwe troef gekregen: het kanaal, in de volksmond „de vaart" genoemd. De initiële optie van een verbeterde verbinding met de grote rivieren (en de zee via Oostende en Antwerpen) impliceerde een taak als transitoplaats naar het oosten en het zuiden en omgekeerd naar het noorden en het westen, en dus een rol als handelskanaal voor het nieuw infrastructureel element. In de loop van de eerste vijftig jaren van zijn bestaan heeft het kanaal zich pas gedurende een hoogstens vijftal jaren enigszins kunnen waarmaken (grafiek 13). Wij gaan niet zover te suggereren dat de 18de-eeuwse vaart van weinig betekenis zou zijn geweest voor de Leuvense sociaal-economische situaties, maar zeker is dat de resultaten van de investeringen niet tot de „menselijke economische massa" doorgedrongen zijn. De investering in een moderne infrastructuur heeft tenandere zichzelf nooit „redelijk" kunnen bedruipen, zoals aanvankelijk gehoopt en verwacht was.

Het einde van deze toestanden, d.w.z. van de traditionele Oud Regiem-sociaal-economische structuur van de Dijlestad, en van de handelsrol van het kanaal situeert zich pas tijdens het einde van het tweede deel van de 19de eeuw (in 1846 bleef alles nog bij het oude, cfr. tabellen 2 en 3), toen de industrialisering in de stad doorbrak, er zich hier o.a. een niet-onbelangrijke metaalnijverheid ontwikkelde, en de kanaalrol van de transitohandel naar de industrie verhuisde. De oude handelsrol van de vaart was tijdens de jaren 1830-1870 een weinig geldopbrengende en veeleer een „muntverslindende" droom gebleven. Daarna konden de installaties fungeren voor het transport van massagoederen. En deze doken slechts vrij laat op in het Leuvens economisch verhaal.

Het enige produkt dat, voor wat de 18de eeuw betreft, de historiografische faam van „in grote massa's geproduceerd geweest" bezeten heeft is het Leuvens bier. Op dit terrein zijn heel wat „mythen" omver te werpen. Het is wel waar dat de bierbelastingen de vaart hebben helpen financieren, dat de fiscaliteit op de biertransporten langs het kanaal een zware duit in het zakje zou hebben gedaan is niet correct. De 18de-eeuwse bierindustrie van onze stad werd wel eens van „bijna nationaal belang" genoemd. Het gebrek aan vergelijkende nevenstudies vormde hiertoe de aanleiding. Nuchter bekeken moet van de grote „Belgische" brouwcentra (en Leuven was er zo eentje) gezegd worden dat ze een hinterland hadden (niet noodzakelijk hetzelfde als het algemeen stedelijke), dat ze met hun betere bieren in dit hinterland de handel in deze eerder luxe-genotmiddelentak beheersten, en dat ze zelfs in staat waren die hinterlanden te overschrijden en elders ook nog interessante afzetgebieden konden veroveren wanneer de kwaliteit van hun produkten enigermate een concurrentie toestond (de smaak vooral, de prijs wellicht in mindere mate). Een algemene „Belgische" bierindustriële geschiedenis is nog niet geschreven; de huidige historiografische stand van zaken heeft te weinig rekening gehouden met het nog te ontdekken beeld van de „zones" op dit terrein en heeft nog veelal vergeten dat met de rol van het goedkopere bier voor de massa's, en van het plattelandse bier in de niet-stedelijke territoria eveneens terdege rekening moet worden gehouden.

Al deze bedenkingen waren nodig opdat wij ons op een „gezonde" manier zouden kunnen gaan buigen over de kenmerken van het Leuvense laat-18de-eeuwse ambachtswezen, het kwantitatief voornaamste milieu waarin zich het toenmalige stedelijke leven van handel en nijverheid heeft afgespeeld (tabel 4). Wij beschikken niet over exacte cijfers van de ambachtshouders in het begin en op het einde van de periode 1750-1800. Vrij plausibele cijfers over de totale massa „in handel en nijverheid actieve meesters en knechten" zijn echter wel bekend: ca. 1900 in 1755 en ca. 3150 in 1800-1801. De groei bedroeg dus bijna 66%, d.i. 40% sterker dan de aanwas van de totale bevolking. Houdt men echter rekening met het verlies aan kerkelijke en universitaire suppoosten, dan valt de meergroei omlaag tot een 12%, wat ons toelaat te besluiten dat de omvang van de massa „handel en nijverheid" echt bijna gelijke tred had gehouden met de lokale afzetmogelijkheden, dus met een louter plaatselijke en regionale verzorgende taak. Het hoeft ons dan ook niet te verwonderen dat het beeld dat gerezen is uit een sociaal onderzoek van de ambachtshouders er geen is

A. *Brouwersnatie*: brouwers-leveraars (fabrikanten) en brouwers-tappers (slijters).

B. *„Kremersnatie"*:
   1. Kramers, speciërs (kruideniers), knopenmakers, hoedenmakers en pruikenmakers.
   2. Witleermakers, gareelmakers en peltiers (bontwerkers).

C. *Natie van het Groot Ambacht*:
   1. Schrijnwerkers, kuipers, stoeldraaiers, zeeldraaiers en rademakers.
   2. Timmerlieden, houtbrekers (houtverkopers) en molenmakers.
   3. Smeden: hoefsmeden, slotenmakers, grofsmeden, blikslagers, tin- en loodgieters, busmakers (geweermakers), geelgieters, witwapenmakers, koperslagers, horlogemakers, platijnmakers (pottenbakkers) en zadelmakers.

D. *Beenhouwersnatie*:
   1. Beenhouwers.
   2. Vissers of visverkopers.

E. *Bakkersnatie*:
   1. Broodmakers (bakkers) en pasteibakkers.
   2. Molders of molenaars.

F. *Kleermakersnatie*:
   1. Nieuwe kleermakers.
   2. Oudkleer(ver)kopers.
   3. Kousmakers.

G. *Vettewariersnatie*:
   1. Vettewariers.
   2. Metsers, steenhouwers, beeldsnijders, kleinstekers (houwers van architectuurwerk) en kasseiers.
   3. Schalie- en ticheldekkers.
   4. Plafonneerders of plakkers en strodekkers.

H. *Schoenmakersnatie*:
   1. Nieuwe schoenmakers, leertouwers en huidevetters (tot ca. 1773-1784).
   2. Repareerders (oud schoenmakers).

I. *Hoveniersnatie*:
   1. Hoveniers, fruiteniers en mandenmakers.
   2. Linnenwevers, tijkwevers en servetwevers.
   3. Wijntaverniers.

J. *Chirurgijnsnatie*:
   1. Chirurgijns-barbiers.
   2. Droogscheerders en lakenbereiders.

K. *Buiten het natiënverband*:
   1. Het ambacht van de glasmakers.
   2. De groepering van de zilversmeden.
   3. Het Sint-Lucasgild van de schilders (?).

Tabel 4: De Leuvense 18de-eeuwse Ambachten.

van een sterke expansie, maar veeleer van een stabiliteit (gevarieerd door nu eens een lichte stijging en dan weer een daling der effectieven), en al eens gekruid door conserverende en beschermende tendenzen.

3. Het Ambachtswezen en de kleine familiale Onderneming

Het 18de-eeuwse Leuvense ambachtswezen was de rechtstreekse erfgenaam van een sedert de Middeleeuwen gegroeid en ontwikkeld regiem. De ambachten (tabel 4) — men zou ze publiekrechtelijke organismen kunnen noemen — waren door het stedelijk bestuur tot corporaties verheven en hadden de exclusieve uitoefening van bepaalde beroepen verkregen, samen met de nodige administratieve en rechterlijke bevoegdheden om hun taak op godsdienstig, charitatief, economisch en corporatief gebied te vervullen; dit alles onder het toezicht van de stadsmagistraat en op voorwaarde dat zij het algemeen welzijn zouden nastreven.

De diepgaande en officiële aanwezigheid van het godsdienstige in het leven van elke dag had voor gevolg dat het 18de-eeuwse ambacht, zoals vanouds, zijn patroonheilige eerde op een altaar — veelal in de hoofdkerk van Sint Pieter —, dat het participeerde in de uitingen van godsdienstzin van de stedelijke gemeenschap via de grote jaarlijkse processies, dat het zijn leden de regels van een goed gedrag en van de naastenliefde voorschreef, dat van de nieuwe leden een wettige geboorte en een kerkelijk lidmaatschap geëist werd, dat voor zijn doden een plechtige requiemmis voorzien was, en dat een eventuele „bus" de noodlijdende leden kon bijstaan in geval van ziekte c.q. armoede.

De ambachtszorg voor de stoffelijke belangen van zijn leden uitte zich in een streven om de oneerlijke mededinging onder de confraters en de vreemde concurrentie zoveel als mogelijk was, te beperken. Of men tijdens de 18de eeuw nog overging tot het gemeenschappelijk aankopen van de grondstoffen lijkt onwaarschijnlijk. Wellicht streefde men er nog naar dat de ateliers over dezelfde werktuigen konden beschikken. De gelijkberechtiging inzake de verkoopgelegenheden was iets waarvoor de beenhouwers (tot het begin van de 18de eeuw en opnieuw na de heropening van het vleeshuis in 1756) en de visverkopers model konden staan. De gildedwang verbood ieder niet-ambachtslid het beroep waarover het ambacht het monopolie bezat uit te oefenen. De corporatie besliste in overleg met de stadsmagistraat aan welke voorwaarden de nieuwe leden moesten voldoen (opleiding tijdens de leerjaren, meesterproef, intredegeld, poorterschap). Het vermijden van de onderlinge ongelijkheid in beroepsgrootte en het verbod op het openhouden van meerdere werkplaatsen behoorde tijdens de 18de eeuw ofwel tot het verleden, ofwel tot de best en vlotst omzeilde materies.

Het ambacht was er ook omwille van het algemeen belang van de stedelijke gemeenschap. Het hogergenoemd monopolie en de gilde-dwang moesten op tijd en stond wijken, o.a. tijdens de wekelijkse vrije marktdag, tijdens dewelke de landman en de vreemdeling vrij alle produkten en grondstoffen mocht te koop bieden. Produkten die te Leuven niet werden gefabriceerd waren altijd vrij. De groothandel stond los en vrij van de corporatieve wereld. De kwaliteitscontrole waarborgde evenzeer de voordelen van het publiek als de economische rust onder de medeleden; alleen reeds de menselijke ,,onvolmaaktheid'' (zucht naar meer winst en variabele knapheid van de vaklui) zal hier altijd wel voor de nodige afwijkingen gezorgd hebben.

Het corporatieve contract tussen stad en ambacht voorzag een onder-linge bijstand tussen de twee tegenspelers: voogdij en bescherming vanwege de magistraat, financiële en administratief-politieke steun vanwege de ambachtsnaties. Ten einde de werking van de basis vlot mogelijk te maken hadden natiën en ambachten een bestuur. Dit laatste was slechts in een beperkte mate ,,democratisch'' te noemen: ofschoon de algemene vergadering van de leden besliste over het reilen en zeilen van de corporatie en zulks een gezond uitgangspunt mag worden genoemd voor een mooie gelijkberechtiging, dient opgemerkt dat nor-maliter alleen de meesters ,,van ouden huize'' (wij bedoelen: wiens vader reeds meester was, dus niet de als meester toegelaten vreemden) in dit beslissingsrecht participeerden. Het werkvolk verscheen slechts driemaal in de officiële ambachtspapieren: als fiscaal belastbaar object, als ingeschreven leerling en — maar veel minder frekwent — als kandi-daat voor de meesterproef; in de praktijk nam het slechts op het niveau ,,werk'' deel aan het leven in de corporatie. De regeerders van het ambacht bestuurden op basis van een reeks reglementen en een ,,rol'', de basiskeure; zij beschikten over een disciplinaire en scheidsrechterlijke rechtspraak.

De ambachten konden over een domein beschikken en over de nodige geldmiddelen om hun opdracht materieel te realiseren.

De 18de eeuw geniet de twijfelachtige faam de ,,afbraakperiode'' van het ambachtswezen te zijn geweest. Dit is slechts ten dele waar. Op het moment dat de Franse Republiek op 25 november 1797 het Zuidneder-landse corporatisme ontbond, was het ambachtswezen verre van een ,,levende dode'', zoals het tijdens de tweede helft van de 17de eeuw te

Leuven in vele takken wel overkwam. Een aantal beroepen was praktisch open verklaard en deze zijn toen feitelijk opnieuw van start moeten gaan: de wijntaverniers in 1671 bijvoorbeeld. De legwerkers (of tapijtwevers) en de bontwerkers verdwenen tussen 1636 en 1640, respektievelijk in 1631. Tijdens de Nieuwe Tijd probeerde de centrale regering te Brussel door het verlenen van exclusieve octrooien nieuwe nijverheden te lanceren. Niet zelden botsten deze monopolies met de rechten van de traditionele ambachten. Nu kan men beweren dat dit kortzichtig conservatisme de ontplooiing van een modern economisch leven in de weg stond, men mag echter niet vergeten dat een dergelijke houding inherent was aan het bestaan van het ambachtswezen. Zonder de impact op de sfeer van het ambachtenbestaan van dergelijke feitelijkheid te willen minimaliseren, willen wij er toch even op wijzen dat wij de indruk hebben dat in deze materie vaak ietwat overdreven werd: octrooien van die orde betroffen niet zelden het terrein van de fabricage op grotere schaal, bestemd voor de extra-stedelijke export en dus niet behorend tot de ambachtsmonopolies. Wanneer het ambacht zijn exclusieve rechten verdedigde — en zulks was inderdaad vaak aan de orde — dan gebeurde dit tegenover de medestanders uit een ander ambacht of uit eigen rangen. In talloze en langdurige processen behoorden de ambachten tot de trouwste klandizie van de advocatuur. De hierdoor veroorzaakte onkosten leidden in de 18de eeuw vaak tot het financiële failliet van meerdere corporaties. Aanvankelijk durfde de centrale regering niet met harde hand de bestrijding aanpakken: de corporaties zetelden (zeker in Brabant) in de stedelijke besturen en zij participeerden in de stemming der beden en subsidies. De jaren 1770 kenden een serieuze staatsagressie. Het voorbeeld van het (alhoewel gekelderde) afschaffingsedict (1776) van Turgot (1727-1781), Frans *contrôleur général des finances*, was een aanleiding voor de Brusselse centrale bewindvoerders om het hier ook eens te wagen: de gedeeltelijke afschaffing van de ambachten (de niet-politieke) werd in overweging genomen. De poging kon geen doorgang vinden, evenmin als in 1779, 1784 en 1787, in beide laatste gevallen mede door de heftige reacties tegen de generale hervormingsideeën van Jozef II.

Het valt niet te ontkennen dat in de kleine ondernemingen ook de kapitalistische bedrijfsorganisatie in de loop van de periode van de Nieuwe Tijd veld had gewonnen — in de zware industrie en in de groothandel had men uiteraard met kapitaalsintensievere bedrijven te doen —, maar toch bleef de zelfstandige ambachtsman (en iets beperkter: „ambachtenman") meer dan veelvuldig voorkomen. Beslist veelvuldiger

Afb. 9: Portret van bedrijfsleider Leonardus Franciscus Artois (1745-1814)
(Foto Brouwerij Artois, Leuven)

(en zeker te Leuven) dan de van ondernemers en tussenhandelaars afhankelijke thuiswerkers. Deze laatsten ontvingen basisprodukten en leverden handwerk. Tussen haakjes: de telling van 1755 leert ons te Leuven een dergelijke schakel „handelaar-factores van kant-kantwerksters" kennen. Een van de weinig talrijke ambachtelijke op kapitalistische leest geschoeide bedrijven in het Leuven van de late 18de eeuw vormden de „Artois-brouwerijen". In mei 1785 besloten drie broers en drie zussen (allen ongetrouwd) hun geërfde kapitalen te bundelen in een sociëteit en samen één, later twee (en drie) brouwerijen uit te baten. Zij botsten niet met de ambachtswetten daar voor deze laatste telkens één broer als meester brouwer één bedrijf op zijn naam staan had. Dergelijke toestanden waren geen zeldzaamheid; o.a. ook de Mechelse brouwers waren met zulke concentraties gestart.

De meeste gewone ambachtsleden werkten erg kleinschalig: het huidige begrip middelgrote onderneming was aan hun „zaken" zeker niet gewaagd. Een schrijnend bronnengebrek maakt het moeilijk zich een idee te vormen van de handel en wandel van dergelijke lui. De schier compleet bewaarde kwijtschriftenserie (fakturen) van de stedelijke vaartkas laat ons gelukkig toe zijdelings een blik te werpen op een tiental bedrijfjes uit de sectoren hout en bouw en metaal. Het werkliedenbestand was kwantitatief gering tot zelfs onbestaand. Zonen werkten mee of participeerden in het familiebedrijfje. Soms was de baas analfabeet en was het zijn echtgenote die voor de papieren administratie zorgde. Een zeer dialectisch getint Brabants, maar ook een benaderend Frans vormden de economische voertalen.

Hier willen wij even een kleine parenthesis openen. In de ambachtsadministratie treffen wij gelijkaardige „intellectuele" situaties: ofwel schreef een ambachtsbestuurder zelf de nodige bescheiden en dan gebeurde dit niet zelden in een erg ongeschoold handschrift en een bepaald „gehandicapte" taal, ofwel deed men een beroep op professionelen. Veralgemenen wij nochtans niet! Menig later ambachtslid genoot tijdens de 18de eeuw humaniora-onderwijs in het universitair H. Drievuldigheidscollege op de Oude Markt; iemand als de kroniekschrijver Michaël Franciscus Pelckmans (1732-1808), student in de genoemde instelling en later in de pedagogie „de Lelie" van de Oude Universiteit, die als meester wijntavernier het gasthof „het Hof van Keulen" in de Brusselsestraat zou uitbaten, kan bezwaarlijk als een Beotiër worden betiteld.

Een notoir analfabetisme was geen beletsel bij het aanvaarden van een bestuursmandaat, daarvan zijn genoeg voorbeelden voorhanden. Wat

wel opvalt is dat de ambachten met de „straffere technische opleiding"
veel minder analfabeten in hun rangen telden dan deze waarin de
gewone doorverkoop primeerde: slechts 6,15% personen die hun naam
niet konden schrijven bij de timmerlieden, tegenover 48,5% bij de
visverkopers en minstens 54,33% bij de oudkleerkopers. Vergelijken wij
deze getallen met het gemiddelde van ca. 39% analfabeten in de
Oostenrijkse Nederlanden en van 50% mannelijke analfabeten in West-
Brabant tijdens de 18de eeuw. De vakopleiding, hoe praktisch ook,
blijkt de open poort geweest tot de cijfers en de letters!

4. De Ambachtsmeesters: gewone Leden en Bestuurders

De overweldigende detailrijkdom van de ambachtelijke documentatie
over het corporatieve leven te Leuven belet ons representatief af te
dalen tot het anecdotische. — Wij raden de belangstellenden aan
daarvoor de talloze mooie en kruimige bladzijden te lezen die de heer
Alfons Meulemans aan meerdere ambachten van onze stad gewijd heeft
in de jaargangen XXXVII tot XLVIII (1954-1965) van het tijdschrift
„Eigen Schoon en de Brabander". De algemene lijnen van de institutionele geschiedenis van de Leuvense corporaties werden anderzijds al
behandeld in het doctoraat van de heer J. Verhavert (1940). Daarom
dachten wij dat het nuttig kon zijn ons hier bezig te houden met het
modelmatig aansnijden van een stel vragen van algemene sociaal-economische aard. Met betrekking tot de hogergeciteerde cijfers van het
analfabetisme in het corporatieve milieu, rees bij ons de bedenking dat
bij een al te grote geslotenheid van het ambacht, of bij een al te zwaar
doorwegen van kapitaalbezit als startvoorwaarde, de spreekwoordelijke
door een ambachtsman aan zijn klanten te leveren „service" zou
geschaad geraken. De term „service" verstaan wij hier als het bieden
van een perfect evenwicht tussen de gevraagde kwaliteit en/of de min of
meer hoge graad van luxe aan de ene kant, en de prijswaarde van het
geleverde produkt aan de andere. Deze precisering is nodig omdat
vermoedelijk voor bepaalde waren het laat-18de-eeuwse Leuven niet als
de beste fabricageplaats van Brabant gold en men zich voor gespecialiseerde dingen en luxegoederen tot de grotere centra Brussel en Antwerpen
wendde (bepaalde importlijsten wijzen in deze richting; andere bronnen
laten vermoeden dat op bepaalde gebieden de kwaliteit niet voor die
van produkten uit grote steden hoefde onder te doen). De „service" uit
het verleden is thans nog maar moeilijk te meten, behalve dan bijvoorbeeld voor sommige produkten uit de sector hout en bouw, de schrijn-

werkerij e.a. Ongelukkig zijn het historisch en het kunsthistorisch onderzoek nog niet altijd ver genoeg gevorderd om voorwerpen als Leuvens te identificeren en technisch te vergelijken met uit andere steden afkomstige gelijkaardige produkten. De ambachtelijke omstandigheden die konden leiden tot een min of meer gelukkige „service" zijn echter wel naspeurbaar: het beeld dat wij daarvan kunnen ophangen, helpt echter wel ons begrijpen in de juiste richting te bewegen. Ons ambachtsonderzoek werd uitgevoerd aan de hand van twaalf en gedeeltelijk zelfs van dertien corporatieve eenheden, d.w.z. 50% van de 24 tijdens de late 18de eeuw te Leuven werkende entiteiten: als steekproef vrij representatief, temeer daar de stalen gevarieerd gekozen werden, zodat alle soorten handwerk en bedrijf vertegenwoordigd zijn. Wij zullen ons niet tot dit ene probleem beperken. Tevens zal onderzocht worden door wie de meesters zich lieten bijstaan en of het waar was dat het corporatieve systeem de kwantitatieve gelijkwaardigheid van de ateliers c.q. bedrijven onderling kon waarborgen. Tenslotte controleren wij ook of het bestuursregime in zijn leidinggevende mandaten dichter bij een plutocratisch dan bij een democratisch ideaal verwijlde.

Wilde het ambachtsleven blijven bestaan, dan moesten voortdurend nieuwe leden — wij zagen hoger dat het uitsluitend om meesters ging — worden aanvaard, vermits het overlijden der ouderen en eventueel het verdwijnen van degenen die er de bui aan gaven een potentieel permanent bloedverlies betekenden. Men kon toetreden als meesterszoon (met een vader die meester was van het ambacht in kwestie) of als vreemdeling (ten opzichte van het ambacht, en al dan niet geboren als Leuvens poorter). Wie reeds lid van een ambacht was (van de eerste eed) kon elders één of meer bijkomende lidmaatschappen aangaan (van de tweede, derde, vierde of verdere eed). Een paar uitzonderingen niet te na gesproken, was overal een opleiding vereist (de leerjaren) en moest een bewijs van kunnen afgeleverd worden (de meesterproef). Dit alles kostte geld, veel zelfs: inschrijvingen, een bijdrage voor het ambachtsaltaar, een feestmaaltijd, examengeld en voor wie geen poorter was, nog eens een fikse som aan poortersgeld.

De cijfers van de aankoop en van de gratis verlening van het stedelijk poorterschap, bijna uitsluitend bedoeld als één der stappen op de weg naar de zelfstandige uitoefening van een ambacht, van een handel of van een vrije nering, kenden een stijgende trend tot ca. 1725; deze werd gevolgd door een daling en door een stabiliteit tot in 1736. Dan herbegon een toename tot in 1750; vervolgens ging het bergaf tot in 1753, om na een bijna statische periode, vanaf 1775 weer in een accres

68

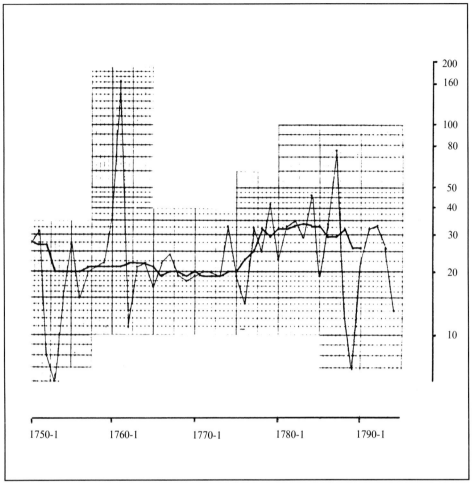

Grafiek 18: De opname van nieuwe poorters; trendlijn: 9j. voortschrijdend
gemiddelde.

over te gaan. Vanaf 1783 ging het weer in een dalende lijn (grafiek 18).
Tot in 1761 heeft de financiële poorterijpolitiek van de stedelijke
magistraat het verloop van die curve beïnvloed door het creëren van
goedkope (1726-ca. 1740, 1744-1750 en 28 maart-30 april 1761) en van
dure perioden (1750-1757); daarna bleven de voorwaarden ongewijzigd
(tabel 5). Een minderheid van te Leuven geborenen niet te na gesproken,
reflecteert de grafiek van de nieuwe en gekochte poorters, met een
decalage van meerdere jaren, in grote lijnen de immigratie van zelfstandige handelaars en neringdoeners, en wel volgens een vertraagd demo-

69

grafiegevoelig ritme. Dit wijst er op dat in deze maatschappelijke klasse de aanvoer van nieuwe leden impliciet op de lokale afzet- en uitvoermogelijkheden afgestemd was (cfr. de conjunctuur).

Begindata of -periode	Poortersgeld (a)
(ca. 1700)	f. 150.0
1721, 21/VII	minimum f. 100.0
1726, 26/VIII	minimum f. 50.0
1728, 10/V	minimum f. 50.0 of het onderhoud van één vondeling
(ca. 1740)	f. 100.0
1744, 17/VII	f. 100.0 of het onderhoud van één vondeling
1750, 16/IV	f. 200.0
1755, 28/VI-27/IX	f. 126.0
1755, 28/IX	f. 200.0
1757, 7/II	f. 100.0
1761, 28/III-30/IV	f. 50.0
1761, I/V	f. 100.0

(a) Daarbij kwamen nog de zogenoemde *cleyne rechten*, namelijk f. 6.0 voor een brandemmer en f. 3.0 vondelingengeld. Sedert 8 augustus 1712 diende ook f. 6.0 betaald aan het altaar van Sint Pieter in de Sint-Pieterskerk, een recht dat op 22 oktober 1768 overgedragen werd aan het altaar van Onze Lieve Vrouw in dezelfde kerk.

Tabel 5: De Evolutie van het Poortersgeld (1693-1794).

Vooraleer men er kon aan denken te vragen om als meester in een ambacht te worden opgenomen, moest men met goed gevolg een leertijd doormaken. Te Leuven duurde deze normaliter twee jaren; bij de chirurgijns-barbiers kwam daar nog eens een periode van vijf jaar verplicht knechtschap bij (stage, zouden wij nu zeggen). De leerjongens van het groot ambacht, van de vissers en van de chirurgijns waren tevens nog verplicht bij hun leerbaas „in te wonen". De echte kramers (dus niet de andere stielen in het gelijknamig ambacht), de oudkleerkopers en de vettewariers kenden geen leerlingen en dus ook geen leerjaren. In alle ambachten met leertijd betaalde de leermeester voor zijn volkje een inschrijvingsgeld dat schommelde tussen f. 3.0 en f. 21.0. Steeds waren de meesterszonen vrijgesteld van leerjaren en boekgeld; aanvankelijk sloeg zulks alleen op de oudste of eerste zoon, later ook volledig of gedeeltelijk op de volgende kinderen. — Bij de chirurgijns moest iedereen zich volledig aan de regels houden. De vrijgestelde meesterszonen werden verondersteld door hun permanente aanwezigheid in hun vaders zaak zó doordrongen te zijn van de ambachtelijke handelssfeer en/of gevormd in de stielkennis dat voor hen een officiële opleiding niet nodig was. Over financiële bijdragen werd tegelijkertijd ook gezwegen. Volledigheidshalve dient gezegd dat de knechten die in andere Brabantse steden „die Leuven was bevrijdende" hun opleiding hadden genoten eveneens vrijgesteld waren; de bakkers boden op dit punt een mooi voorbeeld. Een kleine minderheid vrijgestelden was lid van de Grote (Schutters)gilde: op basis van een middeleeuws privilege werd aan deze mensen, die (vroeger!) veel meer dan de andere stedelingen moesten opdraaien voor de militaire dienst, een vrije toegang tot één ambacht verzekerd.

Niet zo duidelijk op papier stonden de modaliteiten volgens dewelke een meester iemand als leerjongen kon, moest of mocht opnemen. Al te veel personen tegelijk was zeker uit den boze. De goedwil van de bazen verborg veel geheime sloten om ongewenste en al te talrijke vreemde elementen ver weg te houden. Het attest dat door de leerbaas na de leertijd werd verstrekt was een laatste potentiële rem of uitsluitingskans.

Geraakte men zó ver, dan kon aan het toelatingsexamen (de proef) worden gedacht. De eigenlijke kramers, de vissers, de oudkleerkopers en de vettewariers kenden geen proef: tijdens het Oude Regiem had men blijkbaar alleen oog voor een opleiding in handvaardigheid en niet in verkoopstechnieken en warenkennis, want men vroeg zich af welk examen men een vettewarier (handelaar in vetwaren, boter, kaas, vleeswaren-delikatessen, olie, smout, poelierswaren, zout, azijn en kaarsen) wel had kunnen laten afleggen; men bekende zelfs dat de stiel weinig vakkennis vereiste. Voor de chirurgijns bleek de proef zó voor de hand te liggen: vier verschillende aderlatingen en een tand goed trekken. De plafonneerders, plakkers en de strodekkers moesten bekwaam zijn in „het decken van een vlaemsche venster ende gate en de besette van een camere 't sy int rond, viercant of te scheven kant"; in 1784 bestond hun proef in het plakken van een balk en het dekken van een strodak. De schrijnwerkers van het groot ambacht dienden een linnen- en kleerkast te vervaardigen, de kuipers een vet-, een boter-, en een vleeskuip, de rademakers een ploeg, een eg en een wagenrad, de pottenbakkers een „worpkruik" met een inhoud van 8 potten (8 × ca. 1,3 l.), en de zeeldraaiers een „schepreep" en „vogellijn" van 40 vademen (40 × ca. 0,6 m.) wegende 6 ponden (6 × ca. 0,469 kg.).

De oudste meesterszoon hogergenoemd was overal tijdens de loop van de 17de eeuw vrijgekomen van de financiële lasten verbonden aan de proef en de opname als meester; zijn jongere broers hadden in de eerste helft van de 18de eeuw schier dezelfde voorrechten verworven. De in alle ambachten vrij forse stijging van die onkosten kwam ca. 1750-1759 nogal plots tot een einde, hetzij omdat het plafond van de mogelijkheden of van de betamelijkheid bereikt was, hetzij wegens de eerst impliciet en dan expliciet werkende tegenkanting van de centrale regering. Alleen de brouwers wisten in de jaren 1760 — ten voordele van de vaartfinanciën, weliswaar — de toegangsdrempel voor vreemdelingen nog fiks te verhogen. De omvang der sommen kan beter ingeschat worden als wij vermelden dat een meestersdagloon in de hout- en bouwsectoren ongeveer f. 1.0 bedroeg. Merken wij nog op dat de bedragen vermeld in tabel 6 minima waren: meestal kwamen daarbij nog „kleine rechten", vergoedingen voor het ambachtsaltaar, voor de proefmeesters (examinatoren), allerlei drinkgeld, enz. Ofschoon ze niet te onderschatten waren, liep het zelden zo een vaart als bij de chirurgijns-barbiers die volgens het ambachtsreglement van 1728 in totaal f. 405.0 moesten afdokken, d.w.z. f. 155.0 bovenop de toenmalige hoofdsom van f. 250.0. En zeggen dat deze laatste tijdens het volgend decennium nog met f. 100.0 werd verhoogd.

Terzijde van deze taxatiesfeer bleven andere elementen de toegangsdrempel hoog houden. Op de eerste plaats de exclusiviteit van de vestigingsmogelijkheden. De brouwer-leveraar moest een schier-erkende brouwerijinstallatie „vrij" vinden; de hovenier moest geschikte gronden kunnen kopen of huren, c.q. pachten; de beenhouwer had af te rekenen met de beperktheid van de vleesbanken in het vleeshuis, de officiële verkoophalle; de visser botste op gelijkaardige problemen i.v.m. de visbanken voor de zeevis en de standplaats der viskuipen voor de riviervis. In tweede instantie de onkosten verbonden aan de aankoop van het nodige alaam en van de noodzakelijke voorraden. Een vettewariersinboedel was in de 18de eeuw gemiddeld ca. f. 300.0 waard; een brouwer had vaak graanvoorraden die een paar duizend gulden investering vroegen.

Dat al deze kosten voor sommigen nog geen bezwaar vormden, wordt a fortiori geïllustreerd door het verschijnsel van de cumulatie van meerdere stielen. Dit bleek echter geen algemene regel. De combinatie van het primaire beroep met één of meerdere nevenbedrijven, institutioneel gerealiseerd door affiliaties van de tweede, derde, vierde of vijfde „eed" (of door het bedrijven van een poortersnering), was slechts voor de financieel-sterke vreemdelingen en voor de in andere omstandigheden

Periode	brouwers (A)	kramers (B.1)	groot ambacht (C.1)	timmerlieden (C.2)	houtbrekers (C.2)	smeden (C.3)	bakkers (E.1)	oudkleerkopers (F.2)	vettewariers (G.1)	hoveniers (I.1)	chirurgijns (J.1)
1700-9	500.0	200.0	130.0	90.0	90.0	125.0	250.0	100.0	100.0	80.0	100.0
1710-9	»	100.0	»	»	»	»	»	»	»	150.0	120.0
1720-9	»	200.0	»	150.0	»	»	»	»	200.0	200.0	200.0
1730-9	»	»	200.0	»	»	»	»	150.0	»	»	250.0
1740-9	»	»	»	»	»	200.0	350.0	»	»	»	350.0
1750-9	»	»	»	»	»	»	»	200.0	»	»	»
1760-9	1000.0	»	»	»	»	»	»	»	»	»	»
1770-9	»	»	»	»	»	»	»	»	»	»	»
1780-9	»	»	»	»	»	»	»	»	»	»	»
1790-5/6	»	»	»	»	»	»	»	»	»	»	»

Tabel 6: Evolutie van het Meestersinschrijvingsgeld (18de eeuw).

73

	brouwers (A)	kramers (B, 1) 1675-1724	1725-1796	groot ambacht (C, 1) (*)	smeden (C, 3)	vissers (D, 2)	bakkers (E, 1)	oudleerkopers (F, 2)	vettewariers (G, 1)	plafonneerders (G, 4)	hoveniers (f, 1)	chirurgijns (f, 1)
1ste eed	84,47	46,87	57,07	–	82,35	(100)	77,62	(58,79)	48,02	(100)	80,89	(100)
2de eed	12,86	28,83	23,66	–	17,65	–	8,00	(10,00)	41,33	–	3,55	–
3de eed	0,45	1,64	6,08	–	–	–	1,85	(00,30)	10,37	–	0,11	–
4de eed	–	–	0,73	–	–	–	0,62	–	0,14	–	0,11	–
5de eed	–	–	0,13	–	–	–	–	–	0,14	–	–	–
? eed	2,22	22,66	8,02	–	–	–	11,91	(30,91)	–	–	15,33	–

(*) 113 van de 251 kuipers (45,01 %) waren ook brouwer; 73 waren brouwer van de 1ste eed en 26 waren kuiper van de 1ste eed; van 14 personen konden wij de situatie niet bepalen.

Tabel 7: Hoofd- of Nevenberoep?

lichter getaxeerde meesterszonen weggelegd. Zij was niet alleen een uiting van een soort agglomeratieve tendens in sommige bedrijfstakken (kuipers en brouwers), maar tevens een voorzorg tegen mogelijke tijdelijke crisissen in één of andere nering. Tabel 7 toont aan dat vanaf de derde eed de combinaties zeldzamer werden, en dat de „verdere" eed in het geval der pure „commercieneringen" krachtig aanwezig was. Soms schijnt geen cumulatie mogelijk te zijn geweest: wegens begrijpbare technische redenen bij de chirurgijns-barbiers, en wellicht omwille van de geringere financiële kracht der plafonneerders-plakkers. Dat de brouwers-leveraars graag zelf hun eigen verpakking fabriceerden ligt nogal voor de hand. De meeste leden van het brouwersambacht waren uitbaters van een tapperij: het verwondert ons een tikje dat de verdere eed in hun corporatie zo zwak vertegenwoordigd was. Het tappen was blijkbaar nogal lucratief!

Wij hebben er reeds op gewezen dat de toevoer van nieuwe elementen nogal normaal en noodzakelijk (demografisch dan) was. Tabel 8 bewijst dat slechts voor een viertal ambachten tijdens de hele 18de eeuw een forse geslotenheid gegolden heeft, maar dat voor de meeste bestudeerde corporatieve organismen de afsluiting voor vreemdelingen in de loop van de tweede eeuwhelft nogal was toegenomen. Nu merken wij dat zowel de handeldrijvende neringen als de stielen die aardig wat handvaardigheid en technisch vernuft vereisten een redelijke openheid vertoonden. Verliezen wij niet uit het oog dat de situatie op het terrein der „verdere" eden (tabel 7) hier doorwerkt ten voordele van de vreemdelingen. Wij begrijpen nu ook beter dat bij ontstentenis van anti-vreemdenacties de meestersfamilies beslist overspoeld zouden geweest zijn door de socio-financiële krachten van het Oost-Brabantse platteland (tabel 9), waar de agrarische expansie volop aan de gang was. De remmende bewegingen hogergenoemd hebben als resultaat gehad dat de Leuvense autochtonen, die in 1800-1801 met ca. 54% van de totale bevolking tegenover 46% immigranten stonden, in de beroepscategorieën landbouw, handel en nijverheid en dagloners telkens toch nog ongeveer 62 à 63% vertegenwoordigden, en dus een resultaat hadden van bijna 10% boven het gemiddelde.

De aanvoer van vreemden (tabel 9) was een zaak schier exclusief van zowel Leuven zelf als van het stedelijk hinterland (het netwerkgebied van de stad). Leuven moest hier wel een rol spelen, vermits wij reeds merkten dat de „verdere" eden al eens een woordje meespraken. Het hinterland bleef relatief erg belangrijk, mede door het niet-doorwegend karakter van de beroepencumulaties. Van buiten het netwerk kwam een

%	brouwers (A)	kramers (B, 1) 1675-1724	kramers (B, 1) 1725-1796	groot ambacht (C, 1)	timmerlieden (C, 2)	smeden (C, 3)	vissers (D, 2)	bakkers (E, 1)	oudkleerkopers (F, 2)	vettewariers (G, 1)	plafonneerders (G, 4)	hoveniers (I, 1)	chirurgijns (J, 1)
Meesterszonen	86,52	36,46	55,22	23,03	35,29	50,19	88,64	(69,4)	(41,21)	46,38	59,09	79,75	27,00
„Vreemden"	13,48	63,54	44,78	76,97	64,71	49,81	11,36	(30,6)	(58,79)	53,62	40,91	20,25	73,00

% Meesterszonen	brouwers (A)	groot ambacht (C, 1)	timmerlieden (C, 2)	smeden (C, 3)	vissers (D, 2)	vettewariers (G, 1)	plafonneerders (G, 4)	hoveniers (I, 1)	chirurgijns (J, 1)
1740-9	84,93	40,43	25,00	61,90	80,95	50	75,00	91,38	25,00
1750-9	86,24	35,48	22,22	62,85	75,00	76,39	100	94,19	25,00
1760-9	90,53	81,82	0	55,55	100	76,60	0	87,95	40,00
1770-9	96,47	48,65	80,00	55,00	100	56,63	100	91,58	30,00
1780-9	85,71	33,34	66,67	60,00	94,74	63,10	100	92,68	0
1790-5/6	97,61	39,66	100	51,51	78,95	27,76	75,00	61,00	33,33

Tabel 8: Meesterszonen versus „Vreemden" (18de eeuw).

%	brouwers (A)	kramers (B, 1) 1675-1724	1725-1796	groot ambacht (C, 1)	timmerlieden (C, 2)	smeden (C, 3)	vissers (D, 2)	bakkers (E, 1)	oudkleerkopers (F, 2)	vettewariers (G, 1)	plafonneerders (G, 4)	hoveniers (I, 1)	chirurgijns (J, 1)
Leuvenaars	41,04	76,39	59,02	76,80	64,44	40,87	25	(11,11)	64,71	51,08	22,22	14,12	35,09
"Vreemden"													
– hinterland	50,87	13,83	21,89	16,57	17,78	51,58	50	(52,38)	20,17	39,78	66,67	63,80	56,14
– buiten het hinterland	8,09	9,78	19,09	6,63	17,78	7,55	25	(36,51)	15,12	9,14	11,11	22,08	8,77

Tabel 9: De Plaats van Herkomst van de Niet-meesterszonen (18de eeuw).

77

minder sterke invloed: van een overspoeling uit de veel belangrijker steden Brussel en Antwerpen, of zelfs Mechelen was echt geen sprake.

Sluiten wij de paragrafen over de positie der meesterszonen af met er op te wijzen dat onze enquête naar het familiaal exclusivisme zeker niet compleet ontsluierd is geworden door de cijfergegevens: de term „meesterszoon" laat de aanwezigheid van een schoonzoon of van naaste erfgenamen-bloedverwanten in het duister, zodat de monopoliserende strekking in dergelijke gegevens slechts getemperd tot uiting komt, m.a.w. minimaal weergegeven wordt.

Trekken wij de lijn van het hogerbehandelde min of meer sterke exclusivisme door, wij bedoelen naar zichtbaarder toestanden, dan komen wij logischerwijze tot het bemerken van familiale lobby's of minstens van mogelijke brede familiale verwantschappen binnen de corporaties. Wij geven hiervan twee voorbeelden: de geslotenheid bij de vissers en de relatieve openheid bij de vettewariers. Onder de 18de-eeuwse leden van het visverkopersambacht werden 37 verschillende familienamen aangetroffen; voor 19 ervan kon een genealogie opgesteld worden. Bij het construeren van deze laatste beperkten wij ons tot de meesters (eventueel tot hun vrouw) die in de loop van de onderzochte eeuw „aanwezig" waren. Deze stambomen zijn slechts een momentopname; ze zijn zowel boven als onderaan onvolledig, d.w.z. chronologisch afgesneden. Zo kon nagegaan worden in hoeverre de visverkopersstiel overging van vader op zoon. 5 families zorgden ervoor dat hun beroepsbezigheden werden voortgezet door de zoons in een tweede generatie (25%); er werden door 8 families gedurende 3 generaties meesters aan het visverkopersambacht geleverd (40%); in 6 families werden 4 generaties in het ambacht opgenomen (30%); tenslotte was er nog 1 familie die gedurende 5 generaties ambachtshouders leverde (5%). Gedurende de 18de eeuw stierven er van deze 19 families met vertegenwoordigers in het visverkopersambacht 7 uit; zo telde de familie Geets tegen het einde van de door ons onderzochte periode geen leden meer in het ambacht. De overerving van de visverkopersstiel was reeds vroeger beëindigd bij de families Van Opstal, Pangaert, Hendrickx en Cansmans; de vertegenwoordiger van deze laatste familie was zelfs maar een lid van de tweede eed. De wijze waarop deze overerving verliep was zeer divers. Om hierin enige duidelijkheid te scheppen, stelden wij tabel 10 op. Wanneer wij de verhouding berekenen van het aantal ambachtshouders die wij in een stamboom konden onderbrengen ten opzichte van het totaal aantal meesters visverkopers in de 18de eeuw, bekwamen wij reeds een percentage van 75,9. Dit

Families	1ste generatie	2de generatie	3de generatie	4de generatie	5de generatie
AERTS	1	3	–	–	–
CANSMANS	?	1	1	–	–
CRABEELS	1	2	1	–	–
DE MEUR	1	1	1	–	–
DONCK	1	2	2	2	–
GEETS	1	3	–	–	–
HENDRICX	1	1	–	–	–
PANGAERT	1	2	–	–	–
PAUWELS	2	3	6	1	–
PEETERS (I)	1	1	2	–	–
PEETERS (II)	1	1	2	5	–
POSTIJNS	1	2	6	–	–
RUMMENS	1	–	1	3	–
VAN BOECHELEN	3	2	3	–	–
VAN DOREN	1	3	7	4	1
VAN MECHELEN	2	5	4	–	–
VAN OPSTAL	1	1	–	–	–
VAN VILLERS	1	2	2	2	–
VAN WEDDINGEN	3	4	4	3	–
VRANCKX	2	5	11	11	–

Tabel 10: De Opvolging in enige Families van het vissersambacht.

79

gegeven illustreert opnieuw één van de meest treffende eigenschappen van het visverkopersambacht in de 18de eeuw, namelijk zijn geslotenheid.

Ook binnen het ambacht van de vettewariers bestonden intense familiebanden. Mits wij hier slechts een tijdsperiode van ca. 60 jaar bestrijken, zal het aantal generaties niet hoger oplopen dan drie. Drie families leverden drie generaties meesters. In 65 gevallen ging het beroep van vettewarier over van vader op zoon (of zonen). In 43 families ging het om één zoon die lid werd van het ambacht. In twaalf families namen twee zonen de stiel van hun vader over. In zeven gevallen traden drie zonen tot de vettewariers toe. Twee families met vier zonen en tenslotte één met zes zonen kwamen eveneens in het ambacht voor. Daarnaast doken er nog 32 maal twee broers op, d.w.z. zaten twee broers samen in het ambacht; meestal traden zij gelijktijdig toe tot de corporatie. Zevenmaal kozen drie broers dezelfde stiel, en tenslotte waren er tweemaal vier broers lid van het vettewariersambacht. Dat deze massa families met méér dan één vertegenwoordiger in het ambacht zeker niet mag voorgesteld worden als een element van geslotenheid, zoals voor de vissers wel kon vastgesteld worden, zal blijken uit de volgende lijst van de ,,talrijkste'' families (en het aantal van hun vertegenwoordigers in het ambacht):

Van Dormael:	11	Nootens:	4
Hambrouck:	6	Hermans:	4
Dustin:	5	Hensmans:	4
Trione:	5	Everaerts:	4
Stevens:	4	Carleer:	4
Smeesters:	4	Brabant:	4
Pelgrims:	4	Beckx:	4
			———
		67 op 748 = 8,9%	

Uit deze cijfers blijkt duidelijk dat men niet kon spreken van kwantitatief dominerende families binnen het ambacht. Zij totaliseerden immers slechts 8,9% van het totale ledental.

Nemen wij de initieel gestelde vraag over de service-verstrekking opnieuw op. Uit het voorgaande is gebleken dat onze vrees wel gegrond was, maar dat verschillende praktische noodzakelijkheden aanvankelijk het familiale excluvisme beperkt hebben en dat er tengevolge daarvan

80

	brouwers (A)	kramers (B, 1)	groot ambacht (C, 1)	timmerlieden (C, 2)	smeden (C, 3)	vissers (D, 2)	bakkers (E, 1)	oudleerkopers (F, 2)	vettewariers (G, 1)	plafonneerders (G, 4)	hoveniers (I, 1)	chirurgijns (J, 1)
1700-9	9,2	19,5	–	–	3,0	3,1	4,8	4,7	–	0,1	9,8	1,1
1710-9	13,2	27,3	–	1,0	2,5	1,0	2,3	6,8	–	0,4	12,1	0,9
1720-9	13,9	26,5	–	0,1	2,5	0,6	4,5	–	–	0,1	7,0	0,5
1730-9	18,6	28,8	5,25	0,5	2,6	1,5	3,6	–	–	0,1	4,8	1,4
1740-9	7,3	17,5	4,7	0,4	2,1	2,1	6,0	–	4,0	0,4	5,8	0,8
1750-9	10,9	30,6	3,1	1,2	3,5	1,2	3,1	–	7,2	0,1	8,6	0,8
1760-9	9,5	16,8	3,3	0,3	2,7	2,3	4,8	–	9,4	0,1	8,3	0,5
1770-9	17	36,9	3,7	0,2	2,0	2	4,5	–	8,3	0,1	9,5	1,0
1780-9	7,7	17,7	4,2	0,9	2,5	1,9	3,3	–	8,4	0,3	8,2	0,4
na 1790	20,9	73,5	9,7	0,1	5,5	3,8	6,7	–	64,8	0,4	22,67	0,6
Totaal	12,82	31,68	4,85	0,53	2,78	1,95	4,36	(5,73)	17,02	0,21	8,93	0,8

Tabel 11: Gemiddeld aantal Opnamen per jaar (1700-1796).

81

	brouwers (A)	kramers (B, 1)	groot ambacht (C, 1)	timmerlieden (C, 2)	vissers (D, 2)	bakkers (E, 1)	oudcleerkopers (F, 2)	vettewariers (G, 1)	plafonneerders (G, 4)	hoveniers (I, 1)	chirurgijns (J, 1)
1700-9	–	463,1	–	[14,3]	[ca. 50]	84,5	[ca. 125]	–	5,5	[138,1]	21,8
1710-9	[306,8]	473,8	–	17,2	54,5	85,6	–	–	5,9	190,9	22,5
1720-9	[418,2]	501	–	20,2	50,9	77,2	–	–	6,8	270,7	17,7
1730-9	[418]	[ca. 500]	[76,25]	13,1	56,3	82	–	–	5	259,2	16,6
1740-9	365,5	511,6	86,1	10,2	58,3	88,4	–	[130,5]	5,2	233,4	18,5
1750-9	357,3	579,5	105,1	17,7	55,9	112,5	–	178,3	5,4	237	20,5
1760-9	341	608,5	131,2	–	53,1	108,1	–	239	5,6	241,8	23
1770-9	397,9	717,5	127,8	–	63,1	119	–	312,5	6,2	273,3	25,8
1780-9	359	699,3	91,7	–	69,3	125,6	–	352,6	7,4	286,7	26,7
1790-6	336	798	88,8	–	78,6	120,7	[min. 113]	494,8	9,3	310,2	25,8

Tabel 12: Evolutie van het aantal Meesters (gemiddelden tijdens tienjarige perioden).

nog voldoende ruimte overbleef om een mededinging van vreemden toe te laten. Het ingebouwde persoonlijk individualisme, of zo men wil egoïsme, van de handeldrijvende en handwerkende middenklasse, waarvan meerdere tientallen leden tijdens de eerste helft van de 18de eeuw als vreemden waren ingetreden, had er nochtans voor gezorgd dat er zich in de tweede eeuwhelft een geestelijke integratie van de nieuwe elementen in het oude pakket had voorgedaan en de sfeer kwantitatief veel conservatiever geworden was. — Wij zullen later op dit verschijnsel terugkomen.

Tegelijk met dit gematigd exclusivisme manifesteerde zich een soort, weliswaar op de economische mogelijkheden gestoelde, ,,numerus clausus". Wij signaleerden dit reeds toen wij het over de curve van de nieuwe poorters hadden. Het valt op dat het aantal in de ambachten opgenomen leden tijdens de 18de eeuw (tabel 11) vrijwel altijd een soort vaste orde van grootte respecteerde. Het begin van de eeuw scheen aanvankelijk de teugels wat te gaan vieren; na de jaren 1750 blijkt het exclusivisme hogergenoemd op dit terrein als remmend middel te hebben gefungeerd. De jaren 1790 springen zwaar uit de band: massa's nieuw volk werden toen binnengehaald; o.a. zeer veel jongere zonen. Het komt nogal contradictorisch over, maar schijnbaar wilde men nog vlug een oude lidkaart verwerven om, wat er ook kon gebeuren (de vreemde mogendheden kwamen en gingen), een bewijs van ,,vakbekwaamheid" te kunnen voorleggen, ten einde in een eventueel nieuw regime op basis van een ,,papier" en in het kader van overgangsmaatregelen, een positie te kunnen innemen. Monetair waren de drempels verlaagd: niet zelden werd met gedevalueerde assignaten betaald, maar dan tegen de officiële, veel hogere koers.

De intredes bepalen wel mee het lopende totale aantal ambachtshouders, maar er zijn nog een verblijfsduur, d.w.z. een aantal beroepsjaren en een intredeleeftijd nodig om de mathematische kring te sluiten. Het is duidelijk dat de intredeleeftijd van een lid van de eerste eed lager was dan die van een ,,verdere" eedslid. De praktijk van de individuele dagdagelijkse werkelijkheid staat echter wel ver van een soort gemiddelde ideale intredeleeftijd! Brouwers, oudkleerkopers en kramers waren jongere nieuwelingen dan de chirurgijns (geen wonder, want deze laatsten hadden een 7jarige leertijd). Liever dan met een eenvoudig gemiddelde te werken, verkozen wij voor deze paragraaf de mediaanwaarde te hanteren, omdat zó de extremen uitgesloten worden (een mediaan is het middelste getal van een reeks cijfers die geplaatst werden in een klimmende volgorde). Het blijkt dat een lid van de eerste eed intrad op zijn ca. 25ste à 27ste jaar, zegge 26ste mediaan, en dat de persoon in kwestie een carrière van tussen ca. 25 en 29 jaren, ongeveer 27 mediaan, doorliep. Deze cijfers (26 mediaan en 27 mediaan) kloppen op een gelukkige wijze met de gemiddelde levensverwachting in de 18de-eeuwse Zuidelijke Nederlanden: 1700-1750, 50,9 jaren, en 1750-1799, 54,7 jaren.

De orde van grootte hogergenoemd, vastgesteld m.b.t. de opname- of intredecyclus, gecombineerd met een verwerking van de curriculum vitae-elementen van de prosopografie der ambachtslieden in een geautomatiseerde rekentabel ,,spread-sheet'' (uitvoerbaar op minicomputer of op PC met een programmapakket Lotus 1-2-3 of Symphony), leidde ons tot een kennis van het jaarlijkse totaal aantal meesters dat lid was van de onderzochte Leuvense ambachten. Tabel 12 omvat daarvan de tienjarige gemiddelden. Behalve in de ,,handeldrijvende'' ambachten van de kramers en de vettewariers, in dewelke zich een duidelijke stijging manifesteerde, bleef elders de toename beperkt of was ze niet tot nauwelijks bestaand. De jaren 1790 ondergingen natuurlijk de invloed van de toenmalige felle intredewoede. Demografisch gezien dienen deze cijfers fel getemperd in hun praktische gevolgen, omdat een deel nieuwelingen overduidelijk al te vroegtijdig de rangen was komen vervoegen. Op lange termijn zou die toevloed geëlimineerd worden. De resultaten in 1800-1801 hogervermeld bevestigen ten andere onze opmerking: enig resultaat van die schokken was toen inderdaad niet te merken.

Een zelfstandig werker kan zich maar handhaven in de economische welvaartscirkel als hem geen tegenslagen treffen. In de corporaties was men zich daar heel goed van bewust en probeerde men zich daar enigszins tegen te verzekeren via de creatie van een soort solidariteitskas. Deze van de kramers is één der weinige overgebleven complete documentaire getuigenissen. Vaak wordt in de historische literatuur meegedeeld dat er ook in andere ambachten en in andere steden zulke instellingen bestonden. Een grondige systematische analyse van de structuur en de werking van die ,,ziekenkassen'' ontbreekt echter. Aan de hand van het rekenboek van de busmeester der ,,rijke busse'' dat de periode 1697-1714 omvat, en op basis van ordonnanties betreffende de armenbusorganisatie konden de principes achterhaald volgens dewelke de bus functioneerde.

Tijdens de periode 1697-1714 verbleven er in het ambacht in totaal 993 kramers, 615 meesters (of 61,93%) betaalden bijdragen aan de armenbus. Deze steun bleef onveranderlijk zes stuivers per jaar.

73,35% (of 289 personen) van het totaal aantal meesters van de eerste eed betaalden hun bijdrage; 21,17% (47 leden) van de meesters van de tweede eed gaven eveneens hun steun; twee van de drie leden van de derde eed betaalden busgeld. Van de kramers van wie de eed ons onbekend was, gaf 74,06% (of 277 personen) zijn ondersteuning. De leden van de eerste eed vertegenwoordigden 46,99% van het totaal aantal steungevers. Zij stortten regelmatig en gedurende verscheidene achtereenvolgende jaren hun bijdragen. Slechts 27 meesters (of 9,34%) betaalden alleen bij hun intrede. Het totaal aantal armbusleden bestond voor 7,64% uit meesters van de tweede eed, waarvan er 68,08% slechts éénmaal betaalden, namelijk bij hun opname in het ambacht. De twee leden van de derde eed betaalden ook alleen maar bij hun ambachtsin-trede. Daarnaast bestond het overige ledenaantal van de armenbus voor 45,04% (of 277 personen) uit meesters wiens eed ons onbekend was. De kans is tamelijk groot dat deze mensen behoorden tot de eerste eed. Het lidmaatschap van de armenbus was waarschijnlijk een verplichting die nagekomen moest worden wilde men kramer worden. Na de intreding gebeurde het betalen van de bijdrage vrijwillig. De reden waarom de meesters van de eerste eed het regelmatigst bleven betalen lag waarschijn-lijk in het feit dat het kramersbedrijf hun hoofdberoep was, en indien zij steun nodig hadden deze ook het eerst uit die hoek verwachtten.

Een ordonnantie van 1641 in verband met het gebruik van het busgeld besliste dat enkel steun mocht worden verleend aan mensen van het ambacht zelf. Andere voorwaarden om van de steun te kunnen genieten waren: de meester moest ziek te bed liggen of het H. Oliesel ontvangen hebben, of in de onmogelijkheid verkeren te kunnen werken. De busmeesters werden verplicht deze personen regelmatig te bezoeken en te beslissen of ze al dan niet moesten gesteund worden. Aldus zou iemand die ten gevolge van opstootjes werkonbekwaam werd geen steun genieten. In de loop van de door het rekenboek bestreken periode genoten ca. 94 personen steun. De meesters van de eerste eed vormden 64,89% (61 personen) van de steuntrekkenden, terwijl er één ambachts-lid van de tweede eed was en drie meesters wiens eed ons onbekend was (3,19%) die ook hulp ontvingen. De vrouwen, voornamelijk de weduwen van de ambachtsleden, vormden een belangrijke groep, namelijk 20 personen of 21,27%. De armenbus werd zuinig beheerd. De verklaring schuilt vermoedelijk in het laag percentage gesteunden, namelijk 15,28%, ten overstaan van het totaal aantal steunverleners. Per persoon en per jaar werd gemiddeld f. 3.0 gegeven. De hulpbehoevenden genoten gemiddeld 2,24 keren steun, dus gedurende korte termijnen. Uitzonderingen werden gevormd door twee lieden die respectievelijk 13 en 12 opeenvolgende jaren gesteund werden. Iedereen, arm en rijk, kon zonder schaamte een beroep doen op de armenbus. Zo genoot deken Alexander Geubels gedurende 2 jaren steun. De weduwen van de ambachtsmeesters konden, zoals gezegd, ook genieten van ondersteuning na de dood van hun man.

De noodlijdende Leuvense kramers hebben mogelijk van elders nog ondersteuning gekregen. Zo bevatten o.a. de rekeningen van het eigen Sint-Niklaasaltaar een aparte rubriek werkbusgelden, een vorm van steunverlening die bestond naast de armenbus. Een volledig en systematisch onderzoek in de Leuvense hulpverlenende instellingen zou dit beeld van de armenzorg vervolledigen en ook een klaarder licht werpen op de betekenis en het belang van deze ambachtelijke armenbus. (*Hildegarde Saenen, verhandeling K.U.Leuven 1981*).

Soms was er solidariteit nodig, maar liep het met de rampspoed nog zo'n vaart niet. Wat gedaan wanneer de leider van een goed draaiend bedrijf overleed, zijn weduwe er alleen voor kwam te staan en/of de opvolgende zoon (of zonen) nog te jong was (of waren) om het meesterschap te verwerven? En wat als er geen familiale opvolging mogelijk was en de dame te jong om van haar renten te leven? In ieder ambacht — zelfs bij de anders zó strenge chirurgijns — was voorzien dat de weduwe het werk van haar overleden man mocht verderzetten totdat zij door een zoon of een schoonzoon kon worden „afgelost". Overleed de zoon als minderjarige of ongehuwd, dan kon de moeder „continueren"; overleed de gehuwde zoon vóór zijn moeder, dan moest de moeder wijken voor de nieuwe weduwe „ter saecke er geen twee winckels mogen gehouden worden uyt den hooffde van eenen ende den selven persoon". Het aantal actieve weduwen kon soms nogal aanzienlijk zijn. Met een gemiddelde van 2,9 per jaar bereikten zij bij de timmerlieden soms wel eens ca. 30% van de op dat moment actieve ateliers; 11 op de 29 meesters van het 18de-eeuwse plafonneerdersambacht kregen een weduwe als opvolgster (37,93%); in 1733 stond 18,18% van de visverkopersbedrijven onder de leiding van een weduwe; tussen 1700 en 1795 waren 76 weduwen actief als bakker of, anders gezegd, werd 15,61% van alle meesters door hun echtgenote opgevolgd. In dit ambacht was gemiddeld 6,22% van de winkels in handen van een weduwe. Normaliter duurde een gemiddelde weduweloopbaan minder lang dan die van een mannelijk ambachtslid, bijvoorbeeld gemiddeld 6,5 jaren bij de bakkers. De praktijk kon echter lange carrières uit de bus toveren; in het plafonneerdersambacht noteerden wij zelfs 13 jaar.

In schier alle corporaties werden de weduwen compleet uit de ambachtsbesturen geweerd. Het kleine plafonneerdersambacht vormde hierop een uitzondering; daar zetelden de weduwen gewoon naast hun mannelijke ,,collega's" in de algemene vergadering. De kramers hebben lange tijd vrouwen als volwaardig lid aanvaard. Tijdens de periode 1675-1725 was 6,75% van alle leden van het vrouwelijk geslacht: 58,57% ongetrouwde dames, 27,14% weduwen, 8,57% gehuwde vrouwen van wie de echtgenoot eveneens kramer was, en 5,71% geestelijke dochters (of kwezels). Tijdens de periode 1725-1795 werden nog slechts drie vrouwen aanvaard. Reeds in 1690 was bepaald dat alle nieuwe vrouwelijke leden voortaan de complete som ambachtsgeld in één keer dienden te betalen; dit was een onmiskenbaar discriminerende maatregel, vermits een magistraatsverordening van 1688 voorzag dat het ambachtsgeld slechts voor de helft contant moest worden neergeteld. Na een aantal ontmoedigingsmaatregelen werd in 1744 officieel afgekondigd dat er helemaal geen vrouwelijke leden meer tot het ambacht werden toegelaten; deze beslissing werd trouwens op 8 juni 1744 door de Soevereine Raad van Brabant bekrachtigd. Ondanks het feit dat het kramersambacht door al deze maatregels duidelijk op weg was een exclusieve mannenaangelegenheid te worden, moest het af en toe concessies doen. Zo werd er een uitzondering gemaakt voor de kandidatuur van Maria Josepha Clauwers die, dankzij de voorspraak van de landvoogden Maria Christina en Albrecht Casimir in 1782, mits betaling van het inkomgeld, wél werd aanvaard. Niet alleen werd aan nieuwe vrouwelijke leden de toegang tot het ambacht feitelijk ontzegd, ook de vrijheid van de vrouwen die reeds lid waren, werd sterk beknot. Zo moesten weduwen die opnieuw trouwden uit het ambacht stappen. Zo verging het o.a. de weduwe Eijkermans die in 1788 hertrouwde met overdeken Claes, eveneens kramer. Hij kreeg van het ambacht 6 weken de tijd om de zaak van zijn vrouw te verkopen. Blijkbaar was het aan vrouwen enkel toegestaan om over een eigen inkomen te beschikken wanneer ze alleenstaand waren. Na de maatregel van 1744 werden immers nog alleen kramersweduwen geduld (*Magda Saenen, verhandeling K.U.Leuven 1984*).

Niet iedere 18 de-eeuwse ,,middenstander" bleek in staat zonder hulp van personeel zijn bedrijf te runnen. De gemiddelde kleinschaligheid van de zaken had voor gevolg dat velen het met een beperkt aantal helpers konden stellen; de vooral handeldrijvende neringen bijvoorbeeld. Bij hen was het onderscheid tussen hun gewoon huispersoneel van meiden en knechten en hun echte winkelhulpkrachten nauwelijks merkbaar. Hoger is al tot uiting gekomen dat de ene stiel tot de andere nogal wat verschilde in techniciteit en moeilijkheidsgraad van de opleiding. De vorming van een chirurgijn-barbier was bijvoorbeeld aan strenge regels gebonden en werd om begrijpelijke redenen (zoals voor de vroedvrouwen, ten andere) streng gecontroleerd door gevormde geneesheren (in het geval Leuven: door professoren in de medicijnen van de Alma Mater). De ,,klimmende'' ambachten — nu zouden wij zeggen: al wie iets met hout en bouw te maken had — waren qua knechtenbestand bijzonder goed georganiseerd. Over hen zijn wij ook heel wat beter geïnformeerd dan over de andere corporaties, omdat zij namelijk een ambachtelijke belasting kenden op de gasten, zodat deze laatsten van jaar tot jaar kunnen worden gevolgd. Op basis van deze gegevens kwam de reeds hoger aangehaalde doorstroming c.q. geleding van het ambachtenpersoneel vrij duidelijk uit de verf.

	Gemiddeld aantal		
	leerjongens	vrije knechten	vreemde knechten
1700-1709	1,7	24,0	–
1710-1719	2,6	28,8	–
1720-1729	0,5	25,1	–
1730-1739	1,3	23,8	–
1740-1749	0,9	22,8	–
1750-1759	3,8	23,0	–
1760-1769	2,9	34,9	–
1770-1779	3,5	33,2	13,4 (1775-9)
1780-1789	1,1	31,3	12,8 (1780-4) / 37,4 (1785-9)
gemiddeld	1,48		

Tabel 13: Het Knechtenbestand van het Ambacht van de Plafonneerders en Strodekkers.

Wie geen meesterszoon was begon als onvrije, d.w.z. ongeschoolde knecht. Werd men geen leerjongen of leerknecht, met andere woorden: maakte men geen leertijd door, dan bleef men zijn hele leven onvrij. De leerknecht kon, wanneer hij het bekwaamheidsattest van zijn meester ontving, eventueel toegelaten worden tot de meesterproef. 19 vrije vissersknechten op 27 (70,37%) geraakten zover. Slechts 39 personen van de 322 leerknechten-chirurgijns (12,11%) werden Leuvens meester (een hele groep zal zich wel voor een eigen bedrijf elders bestemd hebben). Het onderscheid tussen een onvrije knecht en een vreemdeling (die van buiten Leuven kwam, en elders al dan niet ,,geleerd'' had) bleek moeilijk te maken: een vrije Leuvense knecht werd wanneer hij naar elders trok, ten andere ook als ,,vreemd'' gekwalificeerd. In het plakkers en strodekkersambacht, dat hier als voorbeeld fungeert, telde men slechts meesterszonen, leerjongens, vrije knechten en vreemdelingen.

De leerjongens

In het plakkers- en strodekkersambacht kende het aantal leerjongens zowel ,,drukke'' als ,,kalme'' perioden (tabel 13). Tussen 1720 en 1725 leerden er slechts drie jongens het ambacht, terwijl juist in die periode het meestersaantal een sprong voorwaarts maakte; het omgekeerde bemerken wij in 1750-1751: het totale ledenaantal vertoonde daar een zwakkere periode, terwijl het aantal leerjongens hoge toppen scheerde. Terwijl vanaf 1781 het aantal leden fors de hoogte inging, stagneerde en daalde het aantal leerknechten. Deze daling is waarschijnlijk te verklaren door het groot aantal vreemde knechten dat in die periode in het ambacht tewerkgesteld werd. Rond deze tijd was een duidelijke strekking merkbaar naar een concentratie van het ambachtslidmaatschap in de handen van een aantal meestersfamilies. Dat deze omstandigheid nadelig was voor de Leuvense knechten die ter plaatse moesten gevormd worden, bewijst dat het opleiden van knechten (niet-meesterszonen) een stevig element in de politiek van exclusivisme geweest is.

Hoeveel leerknechten heeft een 18de-eeuwse meester plakker tijdens zijn loopbaan gedurende de periode 1700-1793 tot plakker of strodekker opgeleid? Op een totaal van 132 leerknechten en van 19 meesters die ooit iemand het ambacht aanleerden, bedroeg het gemiddelde 6,94 leerjongens per meester en de mediaan 4. Er waren maar drie meesters die 10 leerknechten en meer aanvaard hebben; zij gaven dan wel aan bijna 5% van de leerjongens een opleiding. Vermits wij van alle leerknechten achterhaalden bij wie zij in de leer gingen, leek het nuttig na te gaan wie zij kozen voor hun opleiding. Gaven zij de voorkeur aan „grote" meesters of eerder aan iemand met een klein atelier? Wij hebben geprobeerd dit na te gaan door een vergelijking met het cijfer dat een benadering geeft van de economische kracht van elke meester. Zo berekenden wij het gemiddeld aantal knechten per jaar en per meester uit het aantal knechten dat door elke meester gedurende deze periode was tewerkgesteld. Dit cijfer vormt de index van de economische waarde van elk atelier.

In totaal verschaften 19 atelierbazen een plakkersopleiding aan de nieuwe kandidaten. Vijf meesters stelden geen leerknechten tewerk. Het aantal opgenomen leerlingen verschilde sterk van atelierbaas tot atelierbaas. Wij zien dat enkele meesters maar 1 jongen opleidden; daarentegen nam Francis Peeters junior er maar liefst 37 onder zijn hoede: hij verschafte aan 28,03% van de leerknechten een opleiding. Jacques Peeters en Francis Peeters senior leerden ieder aan 15 jongens de beroepsgeheimen (22,72%). De meeste leerjongens begonnen hun leerjaren bij een atelierbaas waarvan de economische waarde gelegen was boven de zes; die leerbazen haalden 44,2% van de leerknechten. 22% leerde het ambacht bij een baas van wie de economische waarde tussen de vijf en de zes schommelde. Nochtans is „onze" economische waardeschaal van de atelierbaas niet altijd een goede indicator voor het aantal opgenomen leerknechten: een groot aantal leerlingen betekende geen garantie voor de hoge economische omzet van de „leraar". Benaderend mag echter wel gezegd dat de meeste kandidaat-plakkers verkozen hun opleiding te krijgen van een „grotere" meester; een meester met een klein atelier kon ten andere doorgaans niet zoveel leerjongens opnemen.

Tenslotte durven wij nog opmerken dat volgens de statuten van het ambacht de leertijd van de jongens twee jaar bedroeg. Als wij de praktijk bekijken dan merken wij dat van dit principe wel eens afgeweken werd.

De vrije knechten

Deze knechten vormden de talrijkste groep mensen „van" het ambacht. Hun jaarlijkse numerieke sterkte vertoonde geen reuzesprongen: van 25 knechten in 1700 tot 34 in 1790 (tabel 13).

Het bleek mogelijk het aantal knechten per meester na te gaan, dit wil zeggen het totaal aantal knechten dat door een atelierbaas gedurende heel zijn loopbaan werd tewerkgesteld. Dit aantal varieerde bij de vierentwintig atelierbazen van 4 tot 535. Het gemiddeld aantal vrije knechten per meester bedroeg 4,28 per jaar. Hierbij dient opgemerkt dat de duur van de meestersloopbanen determinerend was: wie het langst het ambacht uitoefende, telde ook het hoogste gemiddeld aantal knechten. Zo hadden degenen met een meestersloopbaan van meer dan twintig jaar, gemiddeld 5,33 knechten per jaar; zij die daarentegen minder dan twintig jaar atelierbaas waren, kenden een knechtengemiddelde van 3,65 per jaar. Dit wijst erop dat hoe langer een atelier actief was, hoe sterker zijn economische waarde kon stijgen. Zo stelde Francis Peeters junior maar liefst 535 knechten tewerk; hij kende zelfs een gemiddelde van 12,15 knechten per jaar. Jacques Peeters en Francis Peeters senior „engageerden" ook zeer vele knechten, respectievelijk 276 en 259.

Vervolgens gingen wij na hoelang een knecht gemiddeld in het ambacht werkte. Wij maakten hierbij een onderscheid tussen drie mogelijke situaties: de gewone knecht, de knecht die voordien een opleiding als leerknecht had genoten en tenslotte de vreemde knecht die zich vervolgens na enkele leerjaren kon opwerken tot gewone knecht. Een gewone knecht werkte gemiddeld 14,67 jaar in het plakkers- en strodekkersambacht. Een knecht die onderaan de ladder zijn loopbaan bij de plakkers- en de strodekkers was begonnen, diende doorgaans langer in het ambacht. Zo was een knecht die eerst een opleiding tot leerjongen had genoten gemiddeld 18,28 jaar in dat vak bedrijvig. Degenen tenslotte, die via de omweg van vreemde knecht naar leerknecht, vrije knecht waren geworden, bleven gemiddeld 14,4 jaar te Leuven in de stiel.

Het is eveneens interessant na te gaan hoelang iedere knecht individueel in het ambacht werkte. Een hoog aantal knechten had er vele dienstjaren op zitten. Bijna 50% van de knechten werkte tussen de tien en de vijfentwintig jaar in het ambacht. Meer dan 10% van de gasten diende langer dan 30 jaar bij de plakkers en de strodekkers. Er waren zelfs drie gasten met een verdienstelijke loopbaan van meer dan 45 jaar. Andries Tossijn was de absolute recordhouder met 52 dienstjaren. Wat moeten wij besluiten uit dit betrekkelijk groot aantal werkjaren van de knechten? Eén verklaring ligt vlug voor de hand: vele arbeiders moesten praktisch tot hun laatste levensadem blijven werken, wilden zij in staat zijn in hun levensonderhoud (en dat van hun huisgenoten) te kunnen voorzien. Het loon van de knechten was immers niet van die aard om „iets" opzij te kunnen leggen om rustig van een oude dag te kunnen genieten.

Wij weten nu dat vele knechten lang werkzaam waren in het ambacht, maar bleven zij steeds in dienst van hetzelfde atelier? De grote meerderheid, nl. 64,27% opteerde voor één of twee werkgever(s). De overige knechten zochten onderdak in drie ateliers en meer. Hieruit kunnen wij besluiten, dat de knecht in dienst van het plakkers- en strodekkersambacht niet honkvast gebonden was aan zijn eerste atelier-baas. Waren de lonen in een ander plakkersbedrijf soms gunstiger? Wij menen van niet, maar veronderstellen dat het aanbod van plakkers- en strodekkerswerk de belangrijkste rol heeft gespeeld: de knecht veranderde van werkgever naargelang een meester hem werkgelegenheid bood. Vaak keerde de knecht naar een vroegere baas terug.

Het feit dat een knecht gedurende één of meerdere jaren niet meer voorkwam in de belastingslijst kan wijzen op werkloosheid, of op afwezigheid uit de stad, indien er tenminste geen fraude in het spel is geweest. Omdat toch zo weinig bronnen toelaten dit tegenwoordig zo pakkend probleem in het verleden te projecteren, waren wij geneigd misschien langer dan verantwoord te blijven stilstaan bij gegevens, aanduidingen beter gezegd, die wel iets, maar zeker niet alles met grote zekerheid ontsluieren. Voor de ganse periode hebben wij voor 38 personen werkloosheid vastgesteld (dit is voor 10,8% van de knechten-bevolking). Gemiddeld zaten die lui 2,07 jaar zonder werk (mediaan 1,5 jaar). Gedurende de eerste veertig jaar had ongeveer 12,5% van de knechten met werkloosheid af te rekenen; tijdens de periode 1750-1777 was de omvang van de werkloosheid het kleinst, maar daarentegen was men in tijdsduur langer weg. De laatste periode, nl. van 1780 tot 1789, kenmerkte zich door een hoog percentage werkloosheid (20,45%). In deze tijd kende het plakkers- en strodekkersambacht juist een grote bedrijvigheid: het hoogst aantal ambachtslieden werd toen genoteerd. Dit kan erop wijzen dat het ene jaar voor de werkgever gunstiger was dan het andere, zodat de gast even moest afvloeien om terug te kunnen keren als er meer werk was. De grote doorbraak van de vreemde knechten (tabel 13) zal er ook niet vreemd aan geweest zijn dat sommige gasten niet opnieuw aangenomen werden. Wij wezen al eerder op het mobiele karakter van de knechten. Zo is het goed mogelijk dat zij in een andere stad als „vreemde" knecht aan de kost kwamen. Toch durven wij van alle helpers niet zeggen dat zij gedurende de jaren tijdens dewelke zij niet voorkwamen op de aandrachtlijsten, echt zonder werk zouden geweest zijn.

92

De vreemde knechten

De vreemde knechten kenden te Leuven geen normaal loopbaanverloop: zij hadden ten andere in het ambacht geen leerjaren gelopen. Wij telden 160 vreemde knechten. Zij doken pas in 1775 in het plakkers- en strodekkersambacht op. Per jaar bedroeg hun aantal gemiddeld 19,25 eenheden. Wij kunnen deze cijfers nog verder splitsen door een onderscheid te maken tussen de vreemde knechten die slechts één jaar in het ambacht werkten en zij die er langere tijd vertoefden. De éénjarigen waren met hun 87 duidelijk in de meerderheid (54,37%); 73 werkten langer dan één jaar bij de plakkers en de strodekkers (45,62%). Het aanwerven van vreemde knechten kende een goede aanloop, gevolgd door een korte maar diepe inzinking (in 1779 en 1780 slechts 4); daarna namen de vreemde gasten vlug in aantal toe (tabel 13). De grote doorbraak kwam vanaf 1786: meerdere meesters namen 7 knechten en meer. Het absolute hoogtepunt was 1788; in dit jaar waren 65 vreemde knechten in het ambacht tewerkgesteld. Jacob van Aerschot junior nam er maar liefst 35 voor zijn rekening. De verhouding van het aantal vreemde knechten t.o.v. het aantal knechten is opmerkelijk verschillend vóór en na 1783. Tevoren bedroeg het aantal vreemdelingen per jaar gemiddeld 24,67% van het totaal aantal tewerkgestelden; daarna tot en met 1790 steeg de ,,vreemde'' groep tot een gemiddelde van 49,66% van het aantal knechten. In 1788 en in 1789 waren er zelfs meer vreemdelingen in het ambacht dan vrije knechten.

Het interesseerde ons te weten welke meesters het grootste aantal vreemde gasten in dienst namen. Hadden zij ook de meeste vrije knechten, en bezaten zij een atelier met een grote economische waarde? Bestond er hier een correlatie? Het blijkt dat alle meesters tussen 1775 en 1790 niet permanent met vreemde knechten werkten. Dit zou er kunnen op wijzen dat zij dezen pas mochten inzetten als al de gewone knechten tewerkgesteld waren. Een uitzondering vormde Jacobus Van Aerschot junior. Hij had in die korte tijdsspanne 97 vreemdelingen in dienst (dit is een gemiddelde van 7,46 per jaar); daarentegen stelde hij gedurende zijn zeventienjarige loopbaan slechts 20 knechten tewerk of gemiddeld 1,25 per jaar. Hoe dit mogelijk en toelaatbaar kon zijn, is moeilijk te achterhalen! Het gemiddeld aantal vreemde knechten per meester in 1775-1790 verschilde sterk: van 1 tot 7,46. Het is ook opvallend dat de meeste weduwen met vreemdelingen verder bleven werken. Als wij de economische waarde van de ateliers vergelijken met het gemiddeld aantal vreemde knechten, dan blijkt dat hier niet zoveel van een correlatie te bespeuren valt. Een grote economische waarde van een atelier betekende niet altijd dat de baas meerdere knechten in dienst had. Weduwe Peeter Van Winckel en Peeter Van Winckel scoorden hoog voor wat het gemiddeld aantal vreemdelingen betreft, daarentegen stonden zij eerder laag genoteerd voor hun algemene economische waarde. Een uitzondering vormde Franciscus Peeters: steeds scheerde hij de hoogste toppen.

Als wij nu de verhouding bekijken van de loopbaan van iedere meester met de jaren waarin hij een beroep deed op de hulp van vreemde krachten, dan merken wij dat hier grote verschillen bestonden. Weliswaar moeten wij er rekening mee houden dat niet elke loopbaan volgens hetzelfde stramien verliep: de ene was al langere tijd meester dan de andere op het moment dat hij met vreemdelingen begon te werken. Onze opzoekingen strekten tot 1792. Zo kwam het dat hier tamelijk grote verschillen te noteren vielen: van 20,40% tot 92,85%. Jacobus Van Aerschot junior werkte slechts gedurende één jaar van zijn beroepsbedrijvigheid zonder vreemde knechten.

Als wij het gemiddeld aantal werkjaren van een vreemde knecht tijdens de periode 1775-1790 becijferen, dan blijkt dat hij gemiddeld 2,5 jaar in het ambacht werkte. Maken wij abstractie van de vreemdelingen die slechts één jaar waren ingeschreven, dan merken wij dat dit toch enig verschil opleverde: 4,21 jaar was een vreemde knecht dan in het ambacht tewerkgesteld. Wij kunnen ons nog dieper over het archiefmateriaal buigen, door de verhouding te bepalen tussen het aantal jaren gedurende dewelke de vreemdeling in het ambacht ingeschreven was en het aantal meesters bij wie hij in de loop van die jaren tewerkgesteld was. Dit geeft een idee van het aantal jaren welke de knecht bij dezelfde meester doorbracht. Wij berekenden dit enkel voor de gedocumenteerde periode 1775 tot 1790. Het gemiddeld aantal werkjaren in hetzelfde atelier was 2,86; de mediaan bedroeg 2,33.

Tenslotte gingen wij onder hetzelfde voorbehoud als voor de vrije knechten de werkloosheid bij de vreemde knechten na. Waren zij net zoals de vrijen gebonden aan het beschikbare werk of gingen zij enkele jaren weg om daarna terug te keren? Het blijkt dat de vreemdelingen onregelmatig aangeworven werden. Deze groep arbeiders heeft ongetwijfeld een zwerversbestaan geleid. In de jaren 1775-1790 waren in totaal 18 vreemde knechten (op 73) werkloos of weg (dit is 24,65%); zulks brengt ons tot een gemiddelde van 2,16 jaar en een mediaanwaarde van 2 jaar (*Ann Zellien, verhandeling K.U.Leuven 1982*).

Naar het voorbeeld van hun bazen hebben vele groepen vrije en onvrije ambachtsknechten zich in broederschappen georganiseerd, mede om zich tegen de vreemdelingen te beschermen. Ook de in knechtschap werkende meesterszonen konden er lid van worden. Wij citeren hier het voorbeeld van dergelijke confrerie uit de sfeer van de timmerlieden, houtbrekers en molenmakers.

De ledenlijst van de vereniging werd vanaf haar ontstaan in 1711 regelmatig aangevuld. Over de hele periode 1711-1795 waren 154 van de 319 bekende knechten ingeschreven in de broederschap. Tot 1740 waren 79 knechten toegetreden; zij vertegenwoordigden 38,34% van het totaal aantal in die tijd tewerkgestelde helpers (tabel 14). Het gaat meestal om leerknechten en tot vrije knecht geëvolueerden. De 6 meesterszonen vormden met hun 33,33% van het totaal aantal werkende meesterszonen uit deze periode ook een procentueel niet-onbelangrijke groep. Zeven leden van de broederschap vonden wij elders in de bronnen niet terug. Na 1740 telde de confrerie 75 nieuw-ingeschrevenen. Omdat de parallelle documentatie verstek laat gaan is alleen de datum van inschrijving en hun naam via deze knechtenvereniging bekend.

	Ledenaantal	Totaal aantal knechten in 1711-1740	Procentueel aantal leden t.o.v. het totaal	Na 1740
Leerknechten en vrije knechten	54	120	45	11
Onvrije knechten	12	61	19,67	–
Meesterszonen	6	18	33,33	–
Alleen ingeschreven in de broederschap	7	–	–	64

Tabel 14: Het aantal Leden van de Broederschap der knechten van de Timmer-lieden (18de eeuw).

Het boek van de vergadering van de knechten bevat eveneens voor de hele periode 1711-1795 de naam van de bestuursleden, zodat wij per knecht konden nagaan welke functie hij in de vereniging waargenomen heeft: busmeester, deken of meier. Slechts 55 van de 154 leden, d.i. 35,71%, oefenden nooit een bestuursfunctie uit. Van de anderen werden 51 personen minstens één jaar in één bepaalde functie verkozen; 32 waren alleen busmeester, 15 alleen deken en 4 alleen meier. 48 leden maakten carrière en werden achtereenvolgens met verschillende taken belast: 11 waren busmeester en deken; 1 was busmeester en meier, 15 waren deken en meier en 21 leden tenslotte doorliepen de hele bestuursloopbaan van busmeester over deken tot meier. Het „democratisch" karakter was dus vrij intens aanwezig. (*M. Laureys, verhandeling K.U. Leuven 1980*).

Opmerkenswaard is het feit dat sommige van deze broederschappen, ondanks de afschaffing van het hele verenigingsleven door de Franse Republiek, feitelijk bleven bestaan en zelfs hun boeken verder bleven invullen. Tot na het eerste derde van de 19de eeuw kenden zij een kwijnend bestaan en verdwenen toen definitief: vooral via het steeds maar „primitiever" wordend geschrift wordt die teloorgang duidelijk. Dat de omvang van het knechtenbestand geen perfecte weergave is van de economische waarde van de ateliers werd reeds hoger onderstreept. Niettemin zorgt dit uitwendig teken reeds voor enig inzicht in de onderlinge sociaal-economische ongelijkheid van de Leuvense 18de-eeuwse ambachtelijke bedrijven. Tabel 15 toont aan dat de werkelijkheid niet altijd overeenstemde met de logischerwijze te verwachten middelmaat: in het groot ambacht overheersten de kleine getallen, bij de plafonneerders en de plakkers daarentegen veeleer de grote.

Het voorkomen van produktie- en/of omzetcijfers hangt af van de aanwezigheid van een gespecificeerde en geïndividualiseerde belastingsdocumentatie. Slechts voor de brouwers, de visverkopers en de bakkers bleek deze voorhanden. De voor de hele 18de eeuw geldende brouwersdocumentatie (tabel 16) ontsluiert de op de voorgrond tredende rol van de grotere bierproducenten en het achteruitkrabbelen van de kleintjes en van de middengroep van de tappers die voor eigen rekening bij de leveraars brouwsels lieten „verwerken". Alle kenmerken van een 19de-eeuws groei- en concentratieproces waren hier al praktisch aanwezig. Hetzelfde bemerkt men bij de visverkopers. Onderzocht werd voor het jaar 1781 de aankoop in de publieke Leuvense vismijn van de zeevis (voor meer dan 90% voor rekening van leden van het Leuvens vissersambacht) (tabel 17). Dat in dat jaar 27,94% van de kopers (de aanzienlijksten) 80,04% van de omzet naar zich toe trokken hoeft geen bijkomende uitleg! Bij de bakkers merken wij echter kleinhandelstoestanden (tabel 18); in dit ambacht overheerste gedurende de eerste twee derden van de eeuw de middelmaat.

Dit omvangrijk cijfermateriaal was nodig om de belangstellende lezer, indien hij nog onder de invloed zou staan van de tijdens zijn schooljaren opgedane indrukken, te kunnen bewijzen dat de zo geroemde

%	groot ambacht (C, 1)		timmerlieden (C, 2)		plafonneerders (G, 4)	chirurgijns (J, 1)	%
	staanknechten & leergasten (1756-1779)	staanknechten (bij de weduwen)	knechten (1701-1740)	(bij de weduwen)	knechten & vreemdelingen (1700-1795)	leerknechten (1700-1795)	
1 ≤ < 2	85,43	80	12,9	40	4,17	17,77	0
2 ≤ < 3	11,26	8	32,26	46,66	8,33	18,88	0 < < 0,25
3 ≤ < 4	3,31	8	35,48	–	16,67	28,89	0,25 ≤ < 0,5
4 ≤ < 5	–	–	16,13	6,67	25	15,56	0,5 ≤ < 0,75
5 ≤	–	4	3,23	6,67	45,83	5,56	0,75 ≤ < 1
						10	1 ≤ < 2
						3,34	2 ≤

Tabel 15: Waarde van de Ateliers via het gemiddeld Aantal Knechten, c.q. Leergasten (procentueel Aandeel van die Ateliers op basis van hun Aanwezigheid in de aantallen-paketten.

| | Brouwers-leveraars | | | | | | Brouwers-tappers | | | | | | |
| | Brouwsels | | | | Tot. lever. | gem. aantal per leveraar | 0 | 1-3 | 4-6 | 7-10 | 11 e.m. | Tot. tapp. | gem. aantal per tapper |
	1-30	31-75	76-149	150 e.m.									
1725/6	30	17	2	–	49	30,54	–	38	67	12	–	117	4,33
1730/1	24	16	5	–	45	35,13	–	43	66	6	1	116	4
1740/1	24	13	4	–	42	30,64	–	76	24	7	–	107	3,05
1752/3	15	21	7	1	44	47,5	–	66	43	4	3	116	3,55
1760/1	15	18	7	–	40	49	–	71	17	2	1	91	2,65
1775	16	17	8	3	44	57,5	14	53	23	6	5	101	3,25
1780	7	14	15	7	43	84	25	42	10	8	7	102	3
1793/4	4	8	16	12	40	123	62	53	14	7	6	142	2,27

Tabel 16: Individuele Produktie en Omvang der Bedrijven in de Brouwerijsector.

Groothandelsomzet		% kopers	% omzetwaarde
	< ½ mediaan	39,71	1,71
½ mediaan ≤ < mediaan		10,29	2,36
mediaan ≤ < 2 × mediaan		10,29	4,93
2 × mediaan ≤ < 4 × mediaan		11,77	10,96
4 × mediaan ≤		27,94	80,04

Tabel 17: De Ongelijkheid van de Bedrijfswaarde bij de Visverkopers (1781).

gelijkheid onder de leden van de ambachten en de neringen uit het Oude Regiem tot het domein van de meest hardnekkige mythes behoort. Het „oude" geschiedenisonderwijs prentte ook in de jeugdige geesten dat de middeleeuwse ateliers aan een knechtenlimiet onderworpen waren. Dat de Nieuwe Tijdse toestanden alvast heel anders waren, werd hier aangetoond.

Zoals het huidige stripverhaal het presteerde, bijvoorbeeld via het oeuvre van Hergé, ons beeld van het voormalige Belgisch Kongo en van het Peruviaanse bergland in een sterke mate te vormen, zo heeft de goede Hendrik Conscience door zijn „De Leeuw van Vlaanderen" heel wat bijgedragen tot de vorming van het beeld van de gezagvolle, populaire ambachtsdeken. Ook op dit punt is het oppassen geblazen! Zoals mag blijken uit tabel 19 waren de dekens niet oppermachtig in hun ambacht. In feite besliste de algemene vergadering over alle belangrijke kwesties, en werd om praktische redenen het permanent bestuur gedelegeerd aan dekens die bijgestaan werden door een consistorie van ouddekens en van de oudste leden. Naast het dekenschap bestonden ook nog lagere mandaten van dewelke de bedienaars zich o.a. bezighielden met de zorgen voor de goede orde op de vergaderingen (boetmeesters), het ambachtsaltaar en de armenbus. Proefmeesters en controleurs van de ambachtsfinanciën werden, wanneer de gelegenheid zich aanbood, veelal tijdelijk aangesteld. De kwaliteitscontroleurs werkten vaak hand in hand met de stadsmagistraat. Boven het ambacht koepelden de natie en de algemene stadsinstellingen; daarin waren respectievelijk bepaalde mandaten voor de ondergeschikte ambachten, en voor ambachtelijke verkozenen voorzien. Kortom: niet alleen het dekenschap was een parameter voor het bepalen van een individuele politieke invloed en/of het controleren van min of meer „democratische" toestanden onder de ambachtshouders.

	f.0.0		f.0.10 tot f.3.0 niet inbegrepen		f.3.0 tot f.6.0 niet inbegrepen		f.6.0 tot f.12.0 niet inbegrepen		f.12.0 en meer		Globaal Totaal
	Totaal	%	Totaal	%	Totaal	%	Totaal	%	Totaal	%	
1705-1709	39	8,72	147	32,89	155	34,68	69	15,44	37	8,28	447
1710-1714	117	13,59	234	27,18	283	32,87	145	16,84	82	9,52	861
1715-1719	105	12,40	254	29,99	267	31,52	130	15,35	91	10,74	847
1720-1724	72	8,88	395	48,71	142	17,51	135	16,64	67	8,27	811
1725-1729	51	6,75	329	43,58	125	16,58	204	27,02	46	6,09	755
1730-1735	48	5,57	306	35,54	258	29,96	220	25,55	29	3,37	861
1747-1749	3	2,08	51	35,42	66	45,83	22	15,28	2	1,39	144
1755	6	4,05	57	38,51	55	37,16	28	18,92	2	1,35	148
1761-1763	1	0,75	27	20,15	52	38,81	44	32,84	10	7,46	134
Accijns 1708/1713	–	–	42	26,92	57	36,54	39	25	18	11,54	156
Gemiddeld percentage	6,28		33,89		32,15		20,89		6,80		

Tabel 18: Via de Belastingsaanslag, de economische Waarde van de Bakkersbedrijven (*D. Dewit, verhandeling K.U.Leuven 1984*).

binnenburgemeester

schepen van de stad

rentmeester van de grote rekening & andere rekeningen

raadslid van de stad

lid van de buitenraad

overdeken van de natie

dekens van het ambacht &
{
bus- of boetmeester(s)
bus- of armmeesters
kerk- of altaarmeesters
}
&
{
kwaliteitscontroleurs
kaarsdragers
}

&
{
proefmeesters
controleurs van de rekeningen
}

consistorie van ouddekens en oudste leden

algemene vergadering
{
meesters (en meesterszonen) van de eerste eed (en anderen)
nieuwe meesters (en vreemdelingen)
}

(weduwen)
leermeesters

secretaris of actuarius & kna(a)p(en)
*(leerknechten)

Tabel 19: Mandaten en functies van en/of in het Ambacht.

	mandaten	verkozenen	% ambachtsleden	% eerste eedleden
brouwers (A, 1)	4	62	4,83	5,72
kramers (B, 1)	2	27	2,08	5,56
(1675-1724)				
(1725-1795)		22	0,95	1,64
groot ambacht (C, 1)	4	42	8,77	?
(1735-1795)				
timmerlieden (C, 2)	2	22	32,35	?
vissers (D, 2)	2	24 of 25	13,18	(13,18)
bakkers (E, 1)	4	48	9,68	25,67
oudkleerkopers (F, 2)	2	30	9,06	15,46
(1660-1717)				
vettewariers (G, 1)	2	22	3,04	5,70
plafonneerders (G, 4)	2	19	65,51	(65,51)
hoveniers (I, 1)	3	43	3,93	5,67
chirurgijns (J, 1)	2	32	34,04	(34,04)

Tabel 20: Niet altijd erg ,,democratisch'', zo'n Ambacht!

Uit tabel 20 kan men afleiden dat, behalve in ambachten met een gering ledental, waar de keuzemogelijkheden dus klein waren, het slechts aan een vrij laag procent leden (nog preciezer gezegd: verkiesbare eerste eedleden) gegeven was het dekenschap uit te oefenen. Ondanks de hogervermelde bezwaren, verkozen wij — omwille van de onvolledigheid der gegevens in de andere materies — alleen met de dekenmandaten becijferend te werken. Dat echter via lagere taken procentueel meer mensen aan bod gekomen zijn wordt aangetoond door volgend voorbeeld uit de lotgevallen van de smedencorporatie. Tijdens de periode 1734-1750 waren daar in totaal vijfmaal tien mandaten te begeven; 31 verschillende personen werden verkozen, d.i. een diversiteit van 62%. Het dekenschap (20 kansen) viel toen elf mensen te beurt, d.i. een diversiteit van 55%. Meer kansen schiepen duidelijk een spreiding over bredere lagen. Niettemin is het zó dat geen hoge (merkelijk hoger dan die in tabel 20) resultaten van deelname te verwachten zijn, wegens het duidelijk doorlopen door vele mandatarissen van het hele gamma ambachtelijke postjes: men begon veelal op het laagste niveau vooraleer een verkiezing tot deken mogelijk was. Gekozen worden tot overdeken van zijn natie en tot stedelijk mandataris was, behalve van de eigen „politieke populariteit" en/of van de eigen politieke relatiekansen, ook nog afhankelijk van het sociale gezag en de invloed van het ambacht in het eigen natieverband. In de natie van het groot ambacht maakten alleen de ambachten van het groot ambacht en de smeden kans; een lid van het timmerlieden-, houtbrekers- en molenmakersambacht heeft het tijdens de 18de eeuw nooit tot overdeken gebracht.

In het spoor van het hogerbehandeld min of meer op- of indringend exclusivisme vielen op het terrein der bestuursmandaten al wel eens tendensen waar te nemen van een familiale opvolging in het dekenschap. Kramer J.B. Coenegras (deken 1725-1727) was een telg van Adriaan Coenegras, die zelf gedurende twee perioden deken was (1703/4 en 1713/4). Ook Petrus Schoeps (deken 1737-1740) zette de traditie verder van zijn vader Jacobus, die van 1695 tot 1700 deken geweest was. Tijdens de periode 1725-1795 was er ook in de familie Davidts een generatiewisseling wat het dekenschap betreft: Lambertus (deken 1770-1774) drukte het voetspoor van zijn vader Nicolaus (overdeken 1733-1743; deken 1734-1737).

Was men al lang lid van de corporatie vooraleer men tot deken verkozen werd? Ofschoon zelden van een blitz-carrière sprake was, konden bepaalde lieden (zoals bij de hoveniers zelfs in 9,3% van de gevallen genoteerd werd) reeds gedurende het eerste jaar van hun lidmaatschap een mandaat opnemen. Soms duurde het heel wat langer: in datzelfde ambacht hebben de langste wachttijden 45, 32 en 31 jaren aangesleept. Nog op een ander terrein sprong deze nering uit de band: het dekenschap stond er zelfs open voor vreemdelingen (niet-meesters-zonen waren elders zelfs niet eens verkiesbaar): 18,51 % van de dekens verkeerden in dit geval.

Niet altijd werd men opnieuw tot deken verkozen. In het groot ambacht telden wij tijdens de periode 1735-1795 35 verschillende dekens; 24 van hen (68,57 %) werden geen tweede keer geroepen, 8 (22,85 %) regeerden tweemaal, en 3 (8,57 %) vervulden een derde mandaat. Van de 6 overdekens werd de helft een tweede keer hoofd van de natie. Opvallend is wel dat de overdeken er steeds een kuiper was, wat overeenkomt met de talrijke vertegenwoordiging van deze beroepstak binnen het groot ambacht: kuipers 62,59 %, draaiers 13,71 %, rademakers 10,47 %, en schrijnwerkers 13,21 %.

Tenslotte rest ons nog te onderzoeken of het steeds de economisch sterkste meesters waren die een bestuursmandaat wisten toegespeeld te krijgen. Spreken van een plutocratische strekking is wel overdreven, omdat iemands economische sterkte niet noodzakelijk overeenstemt met zijn financiële en sociale kracht. Deze laatste is echter in de huidige stand van het sociaal-historisch onderzoek voor grote mensengroepen op een echt valabele wijze niet te achterhalen (wat sommige opportunistische auteurs ook mogen beweren). Bij de timmerlieden bedroeg voor de tot dekens verkozenen de economische waarde gemiddeld 3,31. Volgens tabel 15 blijkt dit een positie binnen een flinke middenklasse te zijn geweest. Timmerman Jacobus Adams, deken in 1717, 1727, 1737, 1745, 1746 en 1756, vormde met zijn 5,36 een loffelijke uitzondering. Bij de plafonneerders en de strodekkers moesten de dekens onder de hogere gemiddelden worden geklasseerd; een ondernemer met een eerder klein bedrijf bleef niet zo lang deken. Francis Peeters junior was er de grootste plakkersondernemer: zijn economische waarde bedroeg 14,83 (vergelijk met tabel 15); hij was deken in 1745/6, 1751/6, 1758/68, 1773/82 en 1784/7, nadat hij in 1744 meester was geworden. Opgemerkt moet worden dat zijn vader, Francis Peeters senior, meester in 1731, deken was in 1743/5, 1746/50 en 1756/8. Een schril contrast met hem vormde Jacobus Van Aerschot senior, deken in 1745, 1751/6, 1758/68, 1788 en 1791/3, met een economische waarde van slechts 2,29.

Dankzij gunstige documentaire omstandigheden bleek het mogelijk voor het brouwersambacht een iets representatievere enquête te organiseren. Wij onderzochten of het de meest produktieve (vergelijk met tabel 16) brouwers waren die leidende functies in het ambacht of in de stadsmagistraat bekleedden, m.a.w. of de omvang van het bedrijf een directe weerslag had op politieke ambitie en populariteit of sociaal aanzien. Omdat de begrafeniscategorie een uitwendig teken was van de sociale status die men tegenover de buitenwereld wenste op te hangen (hier herleid tot de meest eenvoudigste vorm, namelijk begraven worden in de kerk t.o.v. het zeer ,,gewone" op het kerkhof), hebben wij ook dit aspect even in het onderzoek ingeschakeld. Om bovenstaande vraag te kunnen beantwoorden, hebben wij de ambachtelijke en stadspolitieke verantwoordelijkheden van de door ons gekende tappers en leveraars in de eerste plaats in verband gebracht met hun gemiddelde produktie en daarna met de categorie volgens dewelke zij werden begraven. Wij moeten hierbij wel opmerken dat de door ons gevonden gemiddelde jaarproduktie slechts één facet is van de economische bedrijvigheid van onze tappers en leveraars en dat daarmee zeker niet alles gezegd is i.v.m. het reële fortuin van beide soorten brouwers. Hun eventuele activiteiten in de graan- en de veehandel, de brandewijnstokerij of hun zuiver financiële transacties zijn ons immers niet bekend. De door ons gevonden resultaten zijn omwille van de beperking der belastingslijsten (en dus ook der produktiegegevens) maar representatief voor de periode 1723-1762. Uit tabel 21 blijkt duidelijk dat er in laatstgenoemde tijds- spanne geen directe samenhang bestond tussen een grote produktie en de ambachtelijke verantwoordelijkheid of politieke activiteit en popula- riteit. Zowel grote als kleine leveraars en tappers traden op als deken of vervulden politieke mandaten. De meeste leveranciers met vooraan- staande ambachtelijke of stadspolitieke functies behoorden tot de groep der ,,middelgroten"; de meeste tappers produceerden gemiddeld twee tot vijf brouwsels, m.a.w. maakten deel uit van de groep verdelers met een ,,normale" omzet. Het ontbrak geen van beide groepen aan aanzien of status: 80% van de besproken leveraars werd in de kerk begraven en 66,66% van de politiek bedrijvige tappers vond, ongeacht hun produktie, daar een laatste rustplaats (*L. Van Roy, verhandeling K.U. Leuven 1980*).

Het was zeker niet de topklasse die de plak zwaaide in de onderscheiden ambachten. Bij ontstentenis van echt valabel toetsingsmateriaal moesten wij veelal onze toevlucht nemen tot ersatzmiddeltjes, en soms zelfs gewoon verstek laten gaan, zodat het eindprodukt eerder tot de sfeer van de impressionistische resultaten gaat behoren. Niet de topklasse dus, maar eerder de middengroep tot hogere middenklasse, wat het echt

Mandaten	Totaal aantal bestudeerbare gevallen		Gemiddelde jaarproduktie in brouwsels		Aantal gevallen met bekende begrafeniscategorie		Begraven in de kerk		Begraven op het kerkhof	
	Tappers	Leveraars	Tappers	Leveraars	Tappers	Leveraars	Tappers	Leveraars	Tappers	Leveraars
deken	22	19	3,66	55,91	14(51,85%)	11(36,66%)	9(50%)	8(33,34%)	5(55,56%)	3(50%)
overdeken	4	8	2,55	51,80	2(7,41%)	5(16,67%)	1(5,56%)	5(20,83%)	1(11,11%)	–
burgemeester	1	6	2,56	46,38	–	3(10%)	–	3(12,5%)	–	–
schepenkandidaat	17	12	4,69	52,01	11(40,74%)	8(26,67%)	8(44,44%)	5(20,83%)	3(33,33%)	3(50%)
rentmeester	–	5	–	42,31	–	3(10%)	–	3(12,5%)	–	–
Totaal	44	50	3,36	49,68	27	30	18	24	9	6

Tabel 21: Economische en sociale status en politieke Activiteit van de Leden van het Brouwersambacht.

plutocratische karakter van het ambachtsbestuur schijnt uit te sluiten! Tenslotte gebeurde de verkiezing toch in een algemene vergadering, was het dekenschap niet met de almacht verbonden, en bleven de persoonlijke handigheid, politieke geschiktheid en de vrije wil om zich met de politiek al dan niet in te laten heel wat gewicht in de schaal werpen. De gebeurtenissen van alledag correleren niet altijd met de historiografische verzuchting naar revelerende en glansvolle uitslagen!

Het afschaffend ingrijpen door de Franse Republiek heeft de wereld van het ambachtswezen wel politiek en organisatorisch onthoofd, maar zeker niet zwaar ontredderd. In liberale zin gesproken, werd die wereld op dat moment ontheven van de verplichting van een toch onmiskenbare vervlakking naar de basis; de hoger opgemerkte strevingen naar een economisch stratigrafische differentiatie waren ca. 1800 bevrijd van hun eerder theoretische dan praktische banden. Anderzijds valt niet te ontkennen dat de beschermingskansen voor de kleine meesters en voor het geschoold arbeiderspersoneel wegvielen en de ,,proletariserende krachten'' die in de 19de eeuw volop gingen tieren, kans op doorbraak kregen. De sociale Ancien Régimemaatschappij, die altijd geprobeerd had iedereen op zijn plaats te houden, was op sterven na dood: haar leden traden een lange periode van ,,alleen opstappen'' binnen. Aan deze tijd begon pas op het einde van de 19de eeuw een einde te komen (wij denken heus niet alleen aan de arbeiderssyndikaten en de patroonsverenigingen, maar ook aan socio-morele organisaties als de serviceclubs).

5. Groothandel, ,,Fabrieken'' en Transito; de handelaars ,,van rond de Vaart''

Hoger hebben wij er reeds op gewezen dat het ambachtswezen slechts een deel van de lokale nering beheerste en dat het hele terrein van de groothandel als het ware ,,ambachtsvrij'' was. Er moet ook nog opgemerkt worden dat zelfs het randgebied van de overgang tussen groot- en kleinhandel niet altijd door ambachtsreglementen georganiseerd was. Wat niet te Leuven gefabriceerd of gewonnen werd diende van elders aangevoerd en over de lokale verwerkers en/of kleinhandelaars verdeeld. Tabel 22, die een schema biedt van de vishandel tijdens de periode 1763-1794, maakt zulks duidelijk: vooral de vismijn vormde de draaischijf tussen visserij en groothandel en de lokale en regionale verdeling; dat de Leuvense visverkopers hun waren ook rechtstreeks vanuit de Antwerpse, Brusselse en Mechelse vismijnen konden betrekken

108

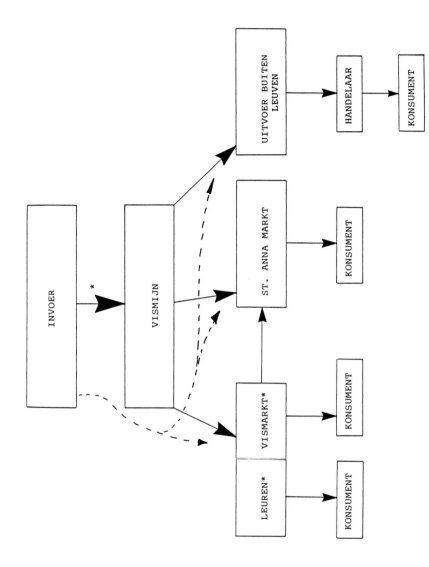

Tabel 22: De Organisatie van de Vishandel te Leuven (*: kwaliteitskeuring).

Afbn. 10 à 13: De vishandel in zijn randgebied tussen en over de groot- en de kleinhandel. De vismijn volgens Léonard Defrance (1735-1805); de visverkoper en de visverkoopster, schilderijen van Willem Van Mieris (1662-1747); vissen, beeldhouwwerk op de Leuvense Vismarkt (Luik, Musée des beaux-arts; Antwerpen, Museum Smidt van Gelder) (Copyright A.C.L., Brussel; foto P. De Craan).

110

111

bleef vanzelfsprekend. Deze laatste speelden in dit geval dus een rol van bijkomende tussenschakel, wat aan het theoretisch structuurschema dus feitelijk niets verandert. Afgezien van twee Leuvense groothandelsfirma's (Poullet en Impens) waren alle, grote en kleine, aanvoerders naar de Leuvense vismijn (waar alle zeevis, behalve haring, gedroogde kabeljauwsoorten, mosselen, oesters en kreeften, openbaar verkocht moesten worden) niet-Leuvenaars. Vóór de definitieve opening van het Leuvens kanaal in 1763 braken deze handelaars ("ventjagers" genoemd) last in Willebroek en vervoerden zij vandaaruit de vis met karren naar Leuven; zulks was noodzakelijk aangezien vóór de aanleg van het kanaal de Mechelse stapel de vrije doortocht vanuit het Noorden bleef beletten. Het is voorlopig niet duidelijk of er tussen de binnenlandse leveranciers van *groene* of zoetwatervis en de lokale verkopers ook tussenpersonen opereerden.

Naast de beenhouwers hielden zich ook gespecialiseerde kooplui met de veehandel bezig. Mager hoornvee en schapen werden door de Leuvenaars opgekocht in het gebied van het stedelijk netwerk (waaronder ook Tienen ressorteerde). Na vetmesting — o.a. in de stallen naast de brouwerijen — werd het grootvee op de markt zowel voor de lokale consumptie als aan *extranei* (uit Waver, Duisburg, Brussel, enz.) verkocht.

Wijn werd zelden rechtstreeks in de wijnstreek van origine gekocht. De Leuvense burgers en de lokale wijntaverniers bestelden hun waar bij groothandelaars-verdelers o.a. te Antwerpen, Mechelen, Brussel, Bergen, Charleroi, Namen, Luik, Keulen, Dordrecht, Rotterdam, Amsterdam, Middelburg, Oostende, Brugge, Gent en Duinkerken. In de jaren 1780 hielden volgende Leuvense groothandelaars zich met de wijnhandel onledig: Van Ysendijck, Pettens, G. Henne, Lowet, G.B. Van Langendonck en de weduwe De Bruyn & zoon. Landwijn (maar dan wel in kleine hoeveelheden) kwam van de producenten in de streek van Wezemaal en uit het Luikse Hoei.

Wat wij nu vlotweg ,,kramerijen en kruidenierswaren'' noemen was te Leuven in 1783 in overvloed te vinden in de magazijnen van grossiers G. De Raymaecker, J.L. Van Roelenbosch, François Van Resegem, en Joly & Impens; laatstgenoemden dreven ook handel in koffie, suiker en jenever.

Vettewariers en speciërs konden een deel van hun voorraad inslaan bij de plaatselijke smoutslagerijen, zeepziederijen, zoutraffinaderijen, hameldonkmakerijen en wasblekerijen, die zelf hun grondstoffen van elders betrokken hadden. Zes smoutslagerijen (20 à 30 werklui) produceerden in 1764 1000 amen (ca. 130000 l.) olie, die ten dele naar Limburg, Luik en Duitsland werden uitgevoerd. In datzelfde jaar telde Leuven één zeepziederij met vier werklui en een jaarlijkse produktie van 500 tonnen. In 1766, 1768, 1771 en 1773 werden nieuwe bedrijven opgestart. Rond 1770 waren in de omgeving van de vaartkom drie zoutraffinadeurs gevestigd; G. De Raymaecker, en J.B. Van Langendonck waren actief in 1783. In 1727-1731 beoefende Joannes Wirix het hameldonk- of stijfselbedrijf. Rond 1760 was Henricus Du Jardin de enige plaatselijke hameldonkmaker; zijn zaak werd in 1774 door Joannes Franciscus Driessens voortgezet. In 1769 was Joannes Baptista Willioe met een nieuw fabriekje gestart. In 1732 had Henricus Gislenus Caels een wasblekerij opgericht; zijn voorbeeld werd in 1739 gevolgd door Henricus Petrus Thenaerts.

Leder en huiden waren tot ca. 1765 volop ingevoerd uit Brussel, Namen en Tienen. Daarna verkochten sommige groothandelaars aan de vaart, o.a. J.F. Damseaux en Peemans & co, vaak grote hoeveelheden droge huiden „met hair". Reeds in 1734 was Egidius Crombecq hier een bedrijf van lapleder begonnen; tevoren moest dit produkt integraal vanuit Namen en Luik worden geïmporteerd. Vanaf 1750 werd Leuvens leder en lapleder verkocht te Waver, Zemst, Erps-Kwerps, Blanden en Herent. In 1785 kwam een koopman in leder uit Asse, Henricus Jacobus Josephus Greyson, zich in onze stad vestigen.

De meest kleurrijke figuur onder de Leuvense handelaars was in de jaren 1780 voorzeker Charles Wouters; hij dreef handel met Noord-Europa. In 1782 verbleef een lid van zijn firma in Denemarken, Zweden, Noorwegen en Rusland; plannen bestonden toen voor een handelsreis naar de Noord-Amerikaanse koloniën en naar de Antillen. Zijn handelsprodukten waren teer, pek, levertraan en walvisolie, gezouten vis, huiden en hout; deze werden verkocht in Frankrijk, het Luikse, Lotharingen, Bouillon, enz.

Tijdens de eerste helft van de 18de eeuw was het kledings- en textielbedrijf voor de lagere klassen der stedelijke maatschappij vrij belangrijk geworden, vooral wegens de aangroei van de buiten ieder ambachtelijk verband werkende wolspinnerij en kantwerkerij en van de handel in textiele grondstoffen. Wol werd vanuit het omringende stedelijk netwerk en ook vanuit de verder afgelegen streken door de Leuvense kooplui geïmporteerd: o.a. uit Sint-Joris-Winge, uit Onze-Lieve-Vrouw-Tielt, uit Grand-Leez, uit Meldert, uit Golzinne (Bossière), en uit Everberg-Meerbeek. Ook de Leuvense schapenhouderij leverde wol. De wolhandelaars steunden vooral op het exporteren van de ter plaatse gesponnen wol. De Leuvense kantwerkerij schijnt tijdens de eerste jaren van de 18de eeuw in de dienst van Antwerpse en van Brusselse kanthandelaars gestaan te hebben. De meester-garentwijnders en de kantkooplui van deze steden leverden aanvankelijk hun garen aan een Leuvens verdeler, die instond voor de produktie ter plaatse en voor de verzending der afgewerkte produkten. Nadat een Brussels en een Antwerps garentwijnder hier in 1714 en in 1727 garentwijndersbedrijfjes hadden opgericht, zou ook te Leuven een zelfstandige kanthandel gaan groeien, welke echter door het verval van de kantmode tijdens de tweede helft van de eeuw, stagneerde tot stilaan achteruitkrabbelde. In 1729 werd een lintbedrijf opgericht dat slechts voor de groothandel werkte. Spaanse wol en andere grondstoffen werden voor de lokale textielfabricage ingevoerd. Hoe weinig belangrijk en hoe produktief zwak de eigen nijverheid ook moge geweest zijn, zij heeft tot ca. 1775 toch een zekere groei gekend. In 1703 telde Leuven drie lakenmakersbedrijven, met drie meesters en zes werklui, en één blauwververij met vier knechten. In 1736 werd een tweede blauwververij opgericht. In 1761 telde de stad tien stoffenfabrikanten met in totaal 21 getouwen en 115 knechten. Drie jaar later waren het er nog slechts zeven, maar de kapaciteit scheen dezelfde gebleven: 21 getouwen en 144 knechten. De waarde der jaarlijkse produktie, die bestond uit baai, wollen laken, wollen dekens, tierentijn, *carsayen, frisaet* en flanel, werd op f. 13 795.0 geschat. Vreemde inwijking en de expansieve werking van de lokale meesters hebben deze sector daarna nog uitgebreid: in 1766 met een nieuwe stoffenweverij en met een fabriek van *chamoisen*, in 1776 en in 1778 met twee lakenweverijen, en in 1779 met een gemengd bedrijf voor katoen en *chamoisen*. In 1783 sprak men van een achteruitgang der bedrijven; niettemin zou tijdens dat jaar nog een nieuw gemengd bedrijf opgericht worden. Als nevenbedrijf dient nog de katoendrukkerij vermeld, die in 1764, in 1767 en in 1784 ondernemingen zag oprichten.

Het stedelijk protectionisme, dat er zoveel mogelijk voor gezorgd had dat de fiscale hinderpalen voor de beschermde lokale produktie uit de weg geruimd waren, wilde ook de plaatselijke groothandelsmarkt veilig stellen en liet bij decreet van 27 juni 1771 bepalen dat vreemdelingen slechts tijdens de vrije marktdagen hele stukken laken mochten te koop bieden. Twee jaren later wilde een Antwerps koopman te Leuven een magazijn voor de verkoop van lakens en een ververij oprichten: alle gevraagde bescherming werd hem echter geweigerd. De mode-gevoelige stoffen- en lijnwaadhandel bleef echter importeren, o.a. uit Antwerpen, uit Brussel en uit de Vlaamse steden. Kousen werden uit Diest en uit

Maastricht ingevoerd. De eigen industrie vond een afzetgebied ter plaatse, in de omgeving en ook elders in Brabant.

De curve van de huurprijs van de stedelijke volmolen reflecteert beter dan de accijnscurve (grafiek 16) de evolutie van de stoffenproduktie te Leuven: een daling na 1721-1722; vanaf 1757-1758 een zeer gevoelige stijging, die na 1768-1769 tot 1774-1775 nog sterker werd. De periode 1775-1776 tot 1786-1787 bracht een inzinking, welke echter spoedig voor een positieve groei, op een niveau dat 12% hoger lag dan dit van 1769-1770 tot 1774-1775, verlaten werd. Dit wordt verklaard mede doordat sedert 1760 het Leuvens voldersbedrijf van de klandizie van Aarschot, Diest en Tienen en zelfs van lokaliteiten uit de Kempen genoot. Een laatste element dat de produktie-representativiteit van de accijnscurve tegenspreekt: het stijgend ledenaantal van de droogscheerders en van de lakenbereiders, 5 in 1703, 9 in 1755, 18 in 1792 en 19 in 1794.

De Leuvense groothandel in brand- en in timmerhout was in handen van regelmatige kooplui, de lokale verdeling berustte bij de houtbrekers en timmerlui; hij was op het einde van de 18de eeuw zó belangrijk dat het stedelijk bestuur in 1794/5 en 1804 e.v. zelfs een speciale houtmarkt zou oprichten op de plaats van het afgeschafte clarissenklooster en op de terreinen van de Grote Gilde (het huidig H. Hooverplein).

Hout was in de bossen uit de onmiddellijke en uit de verre omgeving van de stad volop aanwezig. Het werd ingevoerd o.a. vanuit Kortrijk-Dutsel, uit Holsbeek, uit Wezemaal, uit Korbeek-over-Lo,, uit Meensel-Kiezegem, uit Lovenjoel, uit Kersbeek-Miskom, uit Sint-Joris-Winge, uit Bierbeek, en uit Sint-Joris-Weert. In zijn bossen van Heverlee hield de hertog van Arenberg regelmatig grote houtverkopen.

Leuven werd hoofdzakelijk vanuit het zuiden (het Naamse en het Luikse Tussen-Samber-en-Maas) in *houillie* of smedekolen bevoorraad. De vervanging van de oude aanvoerweg door de steenweg Leuven-Eghezée in 1754 heeft ongetwijfeld de aanvoer bevorderd. Het is niet uitgesloten dat er ook Engelse steenkool ingevoerd werd.

Ook alle materialen van het bouwbedrijf moesten worden ingevoerd. De kalk was het voorwerp van een drukke handel: hem was zelfs een aparte laadplaats aan de kanaalkom voorbehouden. De grondstof werd ingevoerd uit Doornik, uit Boom, uit Melsbroek, uit Woluwe, uit Grez en uit het Naamse, speciaal uit Fleurus. Schalies kwamen eveneens uit het Naamse. O.a. uit Gobertange kwam natuursteen; kasseien werden in het Henegouwse, het Brusselse en in Zuid-Brabant gekocht. De ingevoerde bakstenen (karelen) kwamen uit de streek van Boom en uit het noordoostelijk en oostelijk van Leuven gelegen platteland.

De fabricage van metalen gebruiksvoorwerpen was te zeer afhankelijk van een verre grondstoffeninvoer (o.a. uit Wallonië), te fel aangewezen op de lokale en regionale afzet en te sterk geconcurreerd door „buitenlandse" produkten (het „Ardens Magazijn" te Leuven leverde in 1780 alle ijzerwerk en potten) om een meer dan lokale betekenis te kunnen verwerven. De groei van de Leuvense metaalsector tijdens de eerste helft van de 18de eeuw schijnt niet meer dan een aanpassing geweest van deze tak der verzorgende bedrijven aan een zich demografisch en socio-financieel ontwikkelende stad. Enige kunstambachten kenden een grotere uitstraling. Onder andere de klokkengieterij Van den Gheyn, die veel en tot in Vlaanderen, in het Luikse en in de Verenigde Provinciën exporteerde. Koperwerk van een paar Leuvense geelgieters leefde vooral van de lokale afzet en van de bestellingen der kerkelijke instellingen in de stad en elders, o.a. te Diest, Linden, Begijnendijk en Kerkom. Deze produktie verhief zich echter nooit boven het kleine ambachtelijke plan.

Naast de lokale ruwe pottenbakkerij rezen gespecialiseerde bedrijven op. De aardewerk- en faïenceindustrie kon te Leuven echter geen vaste voet krijgen. Het atelier van J.F. Verplancke, die reeds te Brussel mislukt was en te Leuven in associatie werkte met J.B. Van Cutsem, startte in 1767, maar kende reeds in 1771 een voorbarig einde; de concurrentie der elders in de Zuidelijke Nederlanden heropgebloeide gleiswerkateliers is blijkbaar te sterk geweest. De markt werd reeds een tijdje door „buitensteedse" produkten overspoeld: de porseleinwerkplaats van Frans Jozef Peterinck te Doornik (sinds 1751) en de Luxemburgse steengoed- en porseleinbakkers (sinds 1777) o.a., leverden volop te Leuven.

De keizerlijke manufactuur-glasblazerij van Gaspar Weygant en Hubert Francart die op 31 oktober 1754 te Leuven opgericht was, telde tien jaar later 15 tot 20 werklui en produceerde jaarlijks 1680 kisten glas voor een waarde van f. 58 000.0. In 1792 leverde zij jaarlijks 100 000 flessen en 1 000 kassen vensterglas.

Het voornaamste Leuvens uitvoerprodukt was, zoals hoger vermeld, het bier. Deze handel was zoals in de andere steden van de Oostenrijkse Nederlanden, niet in handen van de groothandelaars, maar gewoon van de producenten, de brouwers. Via onze door de Vrienden van de Leuvense Musea in 1985-1987 gepubliceerde studie over „De Leuvense Stadsfinanciën onder het Oostenrijks Regiem (1713-1794)" is genoegzaam bekend hoezeer het „nobel Leuvens vocht" en zijn bereiders, de

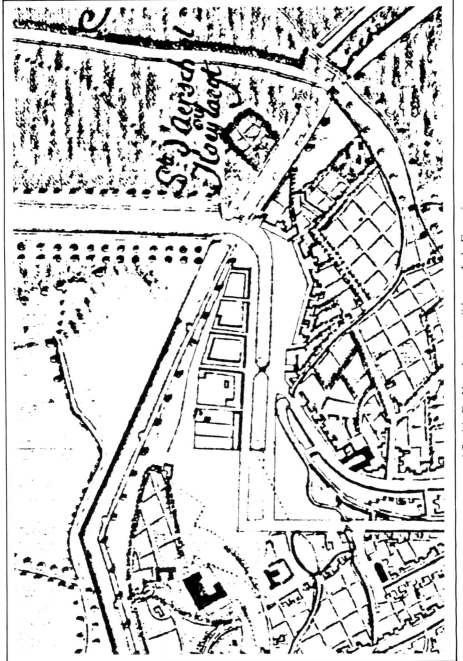

Afb. 14: De Vaartkom ten tijde van J. de Ferraris.

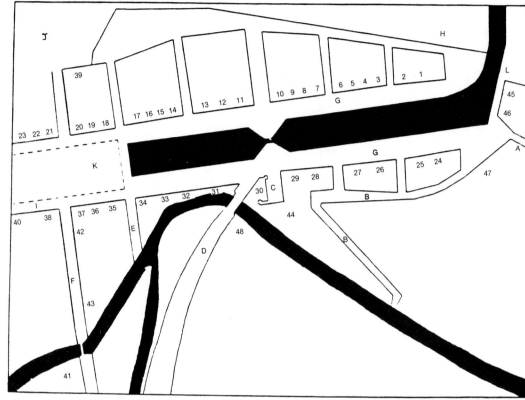

Afb. 15: Schematisch grondplan van de Vaartkom en Omgeving
(einde 18de eeuw).

Legende:

  * 1. J.A. Impens, huis en magazijn.
     2. Schrijnwerker Judocus Van Leeuw, huis en magazijn.
  * 3. Petrus Josephus Poullet en zuster, tevoren Petrus Ivens.
  * 4. Paulus Peeters en Petronella van Esschen, huis en magazijn.
    5-6. Joannes Franciscus De Neef, huis en magazijn.
     7. Joannes Guibertus Anthonius Brenart, huis en erf.
     8. Landmeter Natalis Josephus Corthout, huis en erf.
  * 9. Carolus Wouters, huis en erf.
    10. Dezelfde, huis ,,Middelborch'' en magazijn.
  * 11. Bartholomeus Corthout, huis en magazijn.
    12. Joannes Franciscus De Neef, huis ,,Naemen'' en magazijn.
    13. Guillielmus Janssens, huis en magazijn.
    14. Franciscus Van Buggenhout, huis en magazijn.
    15. Schrijnwerker Dieudonné Jacqmart, huis en magazijn.
    16-17. Chirurgijn Andreas Godts, huis en magazijn.
    18. Weduwe notaris F.C. Thibaut, tevoren J.B. Van de Weyer, huis en
        magazijn.

19. Michaël Josephus Van Rymenant, tevoren Laurens, huis en magazijn.
* 20. Lambertus Stappaerts, tevoren P. Lambo, huis en magazijn.
21. Philippe Antoine Lamquet, handelaar en bankier te Namen.
22. Guilielmus Josephus Van Bever.
* 23. J.A. Impens, erf, hof, molen, pachthof en bijgebouwen.
24. Filippus Puttemans, tevoren Gillis Van Reeth, huis en magazijn.
25. Anthonius Van Dormael, huis, stal en magazijn.
26-27. Landmeter Natalis Josephus Corthout.
28. Laurentius Van Haesendonck, huis en magazijn.
29. Petrus De Waersegger, huis en stallingen.
, 30. Kramer en koopman Michiel Chappel, huis en pakhuis.
31. Carolus van Gindertaelen en Maria Anne Arnalsteen, tevoren Bernardus Ruelens.
* 32. Henricus Marcelis, twee huizen en magazijn.
* 33. Dezelfde, magazijnen.
34-35. Leonardus Artois.
36. Petrus Josephus Verhaghen, huis en schildersatelier.
* 37. Joannes Josephus Peemans, huis ,,den Arent" en magazijnen.
38. Joannes-Baptista Van den Dale, huis.
39. Glasblazerij Gaspar Weygant en Hubert Francart, keizerlijke manufactuur (twee terreinen).
40. Joannes-Baptista Van den Dale, erf, daarna huis.
41. Weduwe Michaël Corthout.
* 42. Joannes Josephus Peemans, twee huizen.
43. Egidius Franciscus De Cock en Co en Nicolaes Josephus De Cock, vijf huizen.
44. Eerste entrepot.
45. Petrus Van Bever, tevoren Van Langendonck, huis, hof en zoutziederij.
* 46. Gerardus De Raeymaeker, huis, hof, erf en zoutziederij.
47. Eerste entrepot (uitbreiding).
48. Tweede entrepot.

A. Zoutstraat.
B. ,,Entrepotstraat", de huidige Stapelhuisstraat.
C. straatje leidend naar het entrepot.
D. Vaartstraat, de vroegere ,,Koyestraat".
E. straatje leidend naar de Dijle, thans geïncorporeerd in de Brouwerij Artois.
F. Sluisstraat.
G. Vaartkaai.
H. stadsvesten.
I. straat leidend naar de Mechelsepoort, de huidige Burchtstraat.
J. het ,,Castrum Caesaris".
K. het ,,Pleintjen".
L. Vaart- of ,,Doolaegpoort".

Volgens de niet al te nauwkeurige diachronische notering in de Leuvense *Wijkboeken.*
*: Leden van de Leuvense Kamer van Koophandel, of hun voorgangers.

Afbn. 16 à 20: De Vaartkom ca. 1800 en tijdens het eerste kwart van onze eeuw
(Copyright A.C.L.; foto Artois, Leuven; foto's Stuyven, Leuven).

81. Louvain Le Bassin. 1923.

Louvain. — Le Canal. — Les Bassins. OFFICE TOUT-LOUVAIN. Série B, n° 6.

Louvain. Le Canal. Bassin.

brouwers en hun corporatie, invloed uitgeoefend hebben op de aanleg van een stuk infrastructuur dat vele jaren tijdens het midden van de 18de eeuw de stadspolitieke wereld beziggehouden heeft en zelfs op haar grondvesten heeft doen trillen: de vaart. Ook de „nationale" economische politiek ondervond er heel wat invloed van.

Reeds vaak in deze paragraaf is er impliciet en expliciet sprake geweest van dit kanaal van Leuven naar de Dijle boven Mechelen en ook de gevleugelde uitdrukking „de handelaars van rond de vaart" werd een paar keren gelanceerd. — Deze benaming vraagt enige uitleg. Het grootste deel van de binnen de stadsvesten en rond de kanaalkom gelegen gronden van de kanaalonderneming werd vanaf 1754 voorbestemd om op vercijnzing overgedragen te worden aan liefhebbers van bouwgrond aldaar. Door dit procédé wenste de stad enig toezicht en enige medezeggenschap te bewaren over het uitzicht van de gebouwen welke daar zouden worden opgetrokken. Na heel wat wederwaardigheden is het eindresultaat een geslaagd urbanistisch geheel geworden. In 1757, toen men besloot over te gaan tot de algemene uitgave van de beschikbare gronden, vond men geen liefhebbers; pas vanaf 1763, na de definitieve openstelling van het kanaal, begonnen de lappen grond van de hand te gaan. Het zou toch nog een dertigtal jaren duren eer de geplande urbanistische compositie volop een werkelijkheid werd. De legende van bijgaand schema toont duidelijk dat de creatie van een

122

handels- en industriewijk niet voor 100% gelukt was, wegens de terughoudendheid van de gepaste investeerders. Het echte industriecentrum aldaar was eerst voor de 19de eeuw weggelegd. Niettemin woonden er voldoende „juiste" mensen om de benaming in kwestie te verantwoorden.

De stad Leuven heeft langs haar kanaal weinig en dan nog op een bijna onrechtstreekse wijze geprofiteerd van de heropbloei van de Zuidnederlandse handels- en transportbeweging van de tweede helft van de eeuw. Als men bedenkt dat de kanaalaanleg de stad meer dan f. 2 000 000.0 wisselgeld gekost had, Leuven met een reusachtige schuldenlast bezwaard en de belastingen meer dan verdubbeld had, en dat de brutokanaalopbrengsten, de retributies, tijdens de door ons bestudeerde periode gemiddeld slechts 12,5% (mediaan 19,7%) van de inkomsten der stedelijke vaartkas en tijdens de perioden 1760/1-1764/5, 1770/1-1774/5, 1775/6-1779/80 en 1780/1-1784/5 respectievelijk slechts 2,1, 6,3, 6,2 en 4,9% van de totale stedelijke en stedelijk-universitaire inkomsten uitmaakten, dan gaat men zich realiseren dat de kanaalonderneming een „dure" en voor het Leuvense financiewezen weinig renderende aangelegenheid gebleken is. De Leuvense kanaalverzuchtingen waren voor de centrale regeringspolitiek een aanleiding en een vertrekbasis om één der schakels te verwezenlijken van haar groot handels- en transitoplan, namelijk via grote handelsroutes het transitoverkeer van en naar de Duitse landen, naar Lorreinen en naar Zwitserland door de Zuidelijke Nederlanden leiden en de Hollandse positie op dit gebied aantasten. In 1749 was het eerste schot afgevuurd geworden, toen de door het Barrièretractaat opgelegde beperkingen op de handel der Zuidelijke Nederlanden voor vervallen verklaard waren en een nieuw, op de handel met Frankrijk en Engeland toepasselijk douanetarief ingevoerd werd. In dit licht was het tijdens dat jaar en gedurende de eerste dagen van 1750 door de centrale instanties besproken en goedgekeurd, Leuvens kanaalplan naar de Dijle een element van een groter geheel en ging het hand in hand met de verbeteringen en de nieuwe werken van het Vlaamse kanalennet, met de van 1751 daterende transito- en entrepotorganisatie voor Vlaanderen, met de uitbreiding in 1755 van deze maatregelen tot Brabant en met het steenwegnet dat als een voortzetting en als een aanvulling van de waterwegen ging fungeren. Leuven bekleedde een sleutelpositie op het steenwegentracé Gent-Luik, dat in 1783 de lang verbeide aansluiting verkreeg op de baan Herve-Aken en de weg naar het Rijnland opende; de in 1755 aangelegde steenweg Leuven-Eghezée kreeg zijn volle betekenis eerst in de jaren zeventig, na de voltooiing van het baanvak Namen-Aarlen, dat met de baan naar Luxemburg en Longwy ging aansluiten.

Ofschoon de Oostendse haven in de ogen van de centrale instanties de handelspoort der Oostenrijkse Nederlanden diende te worden, mag de positie van Antwerpen niet onderschat worden: de stad bleef „de Hollandse exportplaats naar de Zuidelijke Nederlanden" en de doorvoerhaven voor een deel van de Hollandse transiterende goederen op Luik, Lorreinen en het zuiden van de Duitse landen.

De stad Leuven heeft haar positie van transitocentrum nooit zelf onder controle gehouden. Vanaf de eerste maanden van de kanaalaanleg hebben de centrale regeringsinstanties de touwtjes in handen gehouden; dit was a fortiori het geval na de ramp der waterwerken en sedert het effectieve dirigisme van Cobenzl en van de regering te Brussel tijdens de restauratie van de *tweede schipvaert*. Daarna was het voorgoed gedaan met de Leuvense zelfstandigheid... Toen in 1764 de stads- en vaartadministraties gesplitst werden, was de stad Leuven nog slechts een met schulden bezwaarde eigenares van een kanaal dat door regeringsagenten bestuurd, voor het grootste deel door het brouwersambacht financieel beheerd en door haar eigen fiscaliteit betaald werd en dat voor een flink deel bestemd was om de economische politiek van de centrale regering te dienen. Zelfs de entrepotinstallaties vielen ten laste van de stad, ofschoon de stedelijke fiscaliteit op dit terrein niets te maken had.

Deze „nationale" handelspolitiek is bijna in haar geheel aan het Leuvense stedelijk bestuur voorbijgegaan. Beurtdiensten op Rotterdam, op Middelburg, op Oostende en op Brugge, op Dordrecht, op Amsterdam en op Antwerpen werden ingesteld na een overleg tussen de centrale regering en het privé-initiatief of de betrokken schippersgroeperingen. Het waren vreemde vervrachters die te Leuven de verbinding van de water- en van de landweg verzekerden.

In de scheepvaartbeweging op het Leuvens kanaal (grafiek 13) hebben zowel de regelmatige beurtvaarten en het transitoverkeer als het normale binnenlandse transport een rol gespeeld; deze heterogene elementen kunnen echter niet van elkaar onderscheiden worden. Tot 1775 kende de scheepvaartbeweging een stijgende trend. De duurtejaren 1770, 1771 en 1772 hebben een tijdelijke vertraging veroorzaakt; het grote dieptepunt in de havenbeweging is bijna een gezichtsbedrog, want het wordt goedgemaakt op het gebied van de tonnage der schepen. Vanaf 1776 manifesteerde zich een crisis welke eerst ca. 1781 een einde nam. Tijdens het derde jaar van de Vierde Engelse Oorlog (1780-1784), nadat Oostende in 1781 tot vrijhaven was verklaard en de Noordzeehaven een

124

trefpunt van de internationale handel geworden was, manifesteerde zich ook op het Leuvens kanaal een heropleving, welke echter in 1784 de weerslag van het einde der vijandelijkheden zou ondervinden en naar een lichte daling zou keren. Van dan af ging het — over een daling in 1788 — bergop tot in 1790. De oorlogstoestand der eerste helft van de jaren negentig verwekte echter een daling. Een praktisch identiek verloop kenden de curven van de door de trekschuiten vervoerde reisgoed en pakwaren (grafiek 14). De maandschommelingen van de havenbeweging en van de transportbeweging reveleren voor 1763-1772 de vrij onregelmatig gespreide activiteit van een scheepvaart in ontwikkeling. De constanten waren echter reeds aanwezig: een dieptepunt tijdens de winterperiode, een hoogtepunt in de lente, veroorzaakt door het hervatten van de handel na een kalme periode, een dieptepunt in juli en in augustus, een nieuwe piek in september en een daling naar de winter toe. In 1773-1782 waren de schommelingen rustiger geworden; vanaf 1783 reflecteren zij een steviger gevestigde en regelmatiger handelssituatie.

In 1764, één jaar na zijn definitieve openstelling, spreidde het kanaal een dergelijke zwakke handelsactiviteit tentoon dat de Romeinse prelaat Giuseppe Garampi (1725-1792), prefect van de Vatikaanse Archieven (1751-1772), naar aanleiding van een bezoek aan onze stad, schreef: ,,Ora è aperto un nuovo Canale, che la città di Lovanio ha fatto aprire fino alla Schelda al trasporto delle robe fino ad Anversa. Le merci però del paese sono sì scarse, che dubitasi molto, se possano portare la spesa del mantenimento del canale''. In 1771 was Leuven nog verre van een ,,spil'' voor de nieuwe transitohandel. De eerste verwezenlijkingen begonnen zich echter reeds te manifesteren. Luxemburg en Limburg gebruikten de Leuvense weg. In 1776 had het sedert 1770 bestaande Leuvense comptoir der gebroeders Romberg de ontwikkeling verwekt. Na de reglementering van het transitoverkeer door de edictenreeks van 1778 tot 1781, was ,,Leuven-transitocentrum'' een werkelijkheid geworden en waren de regeringsplannen van 1749 volkomen gerealiseerd.

Het transitoverkeer bracht voor de daarbij betrokken families — een 200-tal — een onbetwistbare geldinkomst. De Leuvense groothandelaars hadden meer en meer de lokale afzet de rug gekeerd, waren tot expediteurs en commissiehandelaars geëvolueerd en waagden zich aan de handel op een nationaal en zelfs op een internationaal plan. In 1789 begonnen zij zich te verenigen en werden in 1794 als een Kamer van Koophandel erkend.

Ofschoon 1789 onbetwistbaar het stichtingsjaar is van de Leuvense „Commerciekamer" — de eerste vergadering werd gehouden op 7 januari —, waren meerdere kooplui die zich later officieel als lid van de vereniging zouden manifesteren (tabel 24) reeds in 1785 gegroepeerd actief, o.a. bij het onderhandelen met de beurtschippers van Amsterdam over vaste tarieven voor de verzending en het transport van goederen tussen genoemde stad en Luik. Op 17 oktober van dat jaar werden de besprekingen met succes bekroond. In feite moeten onze *cooplieden ende commissionarissen* al een aantal jaartjes een gemeenschappelijke actie ondernomen hebben om hun economische en privé-financiële verzuchtingen meer kracht bij te zetten en ze onder de vlag van het algemeen belang bij de bevoegde instanties te onderstrepen, te verdedigen en zo mogelijk ook te laten realiseren. Wat de Franse laat-18de-eeuwse reiziger A.P. Damiens de Gomicourt, beter bekend als Derival, in het tweede deel van zijn „Le Voyageur dans les Pays-Bas Autrichiens ou Lettres sur l'état actuel de ces Pays" (Amsterdam 1782-1783) over de

---

- Corthout (*)
- weduwe de Bruyn & zoon (*)
- G. De Raymecher (of De Raymaecker) (*)
- G. Henne, *wijnhandelaar*
- Joly & Impens (*)
- Lowet, *wijnhandelaar*
- J.J. Peemans & Co (*)
- Pettens, *wijnhandelaar*
- „Maison Poullet" (*)
- „Etablissement Romberg" (*failliet in 1788*)
- Van Aerschot (*in associatie met Ch. Wouters?*)
- G.B. Van Langendonck (of J.B. Van Langendonck), *wijnhandelaar*
- François Van Resegem (*)
- J.L. Van Roelenbosch (*)
- Van Ysendick (of Van Ysendijck), *wijnhandelaar*
- Charles Wouters (*)

Tabel 23: Leuvense handelaars vermeld door Derival (1783); (*) werden mogelijk en/of zeker lid van of opvolger in de latere Kamer van Koophandel (cfr. tabel 24).

Leuvense economische situaties mededeelde stemt volkomen overeen met de punten van belangstelling en de politiek van de Kamer tijdens haar onofficiële (1789-mei 1794) en haar eerste officiële periode van bestaan (na 9 mei 1794). De meeste door Derival vermelde kooplui en handelshuizen (tabel 23) vindt men ten andere terug als participanten van de latere actiegroep en als lid van de Kamer; dat de meeste wijnhandelaars niet tot de ,,Commerciekamer" toetraden is nogal normaal: zij waren immers al lid van het ambacht der wijntaverniers en vonden zulks blijkbaar ruimschoots genoeg. Tussen haakjes: het grondige juridische verschil tussen een dergelijk ambachtslid en een wijnkoopman kwam tot uiting in het proces tussen het wijntaverniers-ambacht en de ,,koopman aan de vaart" Josephus Albertus Impens, wegens de levering van wijn door deze groothandelaar aan privé-personen, d.w.z. op de lokale markt. Impens werd verplicht lid te worden van het ambacht, wat gebeurde op 9 juli 1794, om zo te zeggen tijdens de laatste dagen van het Oude Regiem. — Dit zal de betrekkingen tussen de taverniers en de groothandel zeker niet lekker gestemd hebben.

Toen de genoemde kooplui — zij waren met 15 — de stadsmagistraat op de hoogte brachten van hun eerste vergadering, noteerden zij bij hun hogervermelde beginselverklaring ook nog dat zij maandelijks zouden samenkomen gelijk zulks gebeurde te Brugge, Gent en andere steden ,,van negocie"; zij zouden vergaderen ,,op wijzen van eene commercie-kamer". Eigenlijk kozen zij voor een oud middel en een oude vorm: de Handelskamers waren tijdens de Nieuwe Tijd georganiseerd geworden ,,au faict de la navigation et commerce", om de overheid in te lichten over wat er in de praktijk reilde en zeilde. In 1665 was de oude Brugse corporatie van de makelaars omgevormd tot een stedelijke Kamer. In 1667 had de centrale regering van de Spaanse Nederlanden besloten een Koninklijke Handelskamer op te richten, samengesteld uit afgevaardigden van de voornaamste handelssteden der Nederlanden, om als adviesor-gaan voor de Raad van Financiën op te treden en om actief bezig te zijn met het afleveren van handelspaspoorten aan de scheepskapiteins, het organiseren van scheepskonvooien vanuit Oostende, en om de consu-laire rechtspraak te voeren. Toen bleek dat deze plannen geen doorgang vonden trok de hogervermelde Brugse instelling een dergelijke taak tot zich. Zij was het die tijdens de creatieperiode van de bekende Oostendse Compagnie (1722-1727) het Brugse handelsmilieu vertegenwoordigde. De leden van deze adviesorganen waren dus bijna gelijk te stellen met de zgn. ,,zéleux", buitenstaanders die tijdens het Oude Regiem occasio-neel de centrale bestuurslichamen met raad en daad bijstonden. Het enige verschil tussen beide bestond echter in het feit dat de „zéleux" meestal minder met hun eigen belangen bij de zaak betrokken waren.

Van de oorspronkelijke „Commerciekamer" bleven in het Leuvens Stadsarchief drie gebonden bundels documenten bewaard: de nos. 11800, 11801 en 11802. Zij betreffen de periode 1785 tot 1795 en bevatten ook nog enkele stukken uit de jaren 1750 en 1760. 1814, naar aanleiding van de herinrichting tijdens de Hollandse Tijd, is ook aanwezig. De inhoud van de bundels weerspiegelt perfect de belangstellingssfeer van de verenigde handelaars en commissionairs; deze sfeer sluit volkomen aan bij de hogergeschetste plannen van de centrale regering in verband met het Leuvens kanaal en de Zuidnederlandse handelspolitiek. Onthouden wij wel dat aansluiten bij niet noodzakelijk samenvallen met hoeft te betekenen: vergeten wij niet dat de Leuvense wensen meestal diametraal tegenover die van de andere handelscentra van het land stonden.

In eerste instantie keek men naar de eigen nationale douanepolitiek, naar het stelsel van in- en uitvoerrechten, en naar de centrale maatregelen tegen het frauderen op deze laatste. Ook de beperkingen op de vrije graanim- en export en, in tijden van graanschaarste, de verboden op het graandistilleren genoten hun belangstelling. Het tolwezen en de hele massa binnenlandse rechten op het transport, een zware financiële belemmering op de handel (een grote zorg van de Brusselse centrale regeringsinstanties, die botste met de talloze plaatselijke en privébelangen) werden door hen met scherpe blik gevolgd en met even scherpe pen bestreden. De aanwezigheid van de Franse Republiek liet hen toe resoluut te spreken van de noodzaak dat de handel volkomen vrij zou worden!

Centraal in hun ijver stond de transitopolitiek van Brussel. De Leuvense commissiehandel was de plaat bij uitstek waarop onze „Commerciekamer"-leden hun boontjes te weken legden en waarop de algemene Leuvense verzuchtingen voor een winstgevend kanaal gebaseerd waren. Hoger wezen wij er reeds op dat deze slechts op de handel en niet op een eventuele lokale industrie gebaseerde politiek tijdens de late 19de eeuw als erg ongunstig en al te fel „van anderen" afhankelijk gebleken is, op een moment dat men kon vergelijken met de veel veiliger (want op eigen te controleren middelen gestoelde) trafiek van industriële grondstoffen en produkten van lokale eigen fabricage. Aansluitend op de transitobelangstelling situeerde zich die voor de oprichting van een nieuw entrepot aan de kanaalkom, het stapelhuis waar de doorgevoerde waren tijdelijk konden worden ondergebracht.

128

De lange nabije grens met het Prinsbisdom Luik verklaart de vinnigheid waarmee zelf bij de Luikse bewindvoerders stappen ondernomen werden om de reeds lang aanslepende onderhandelingen over een douaneovereenkomst betreffende de Luikse rechten van de 60ste penning weer vlot te krijgen. De komst van de Fransen en de inlijving van zowel de Oostenrijkse Nederlanden als het Luikse tikte met één slag alle zorgen van de baan.

Uit de documenten blijkt ook dat de vijandelijkheden (de Frans-Oostenrijkse oorlog van 1792 en de Eerste coalitieoorlog tegen Frankrijk, 1792/3-1797) onze ,,Commerciekamer" ongerustheid bezorgden wegens de eventuele verstoring van de handelsbetrekkingen. Dat de contacten met de Franse overheid dadelijk zeer goed waren hoeft geen betoog: het ging immers om een dialoog tussen gelijkgestemden. Hierover later meer ...

De ontwikkeling van de verkeersinfrastructuur in de Zuidelijke Nederlanden en de Verenigde Provinciën interesseerde de Leuvense handelaars in de mate dat de economische positie van het kanaal dreigde schade op te lopen. In juni 1791, nadat men gehoord had dat de Staten van Holland zinnens waren de resterende stukken van een steenweg van 's-Hertogenbosch op Luik af te werken, was een delegatie van de Kamer, bestaand uit de leden J.J. Peemans en Benoît Marcelis, ter plaatse de situatie gaan opnemen. Hun reis liep van Den Bosch, over Vught, Boxtel, Best, Eindhoven, Valkenswaard, en doorheen de heide naar Lommel. De werken waren gevorderd tot op een halve mijl (ca. 5710 m.) van de grens; Luik diende bereikt over Hasselt. Als het project over drie tot vier jaar klaarkwam, dan zouden de onkosten van de reis van Den Bosch naar Luik met liefst 40% dalen. Daarbij kwam nog dat de administratieve voorwaarden en de transportinfrastructuur in Den Bosch heel gunstig waren. Men lachte te Leuven niet bij deze vooruitzichten! Ongerustheid was er ook toen men geruchten opving van een eventueel aan te leggen baan van Haacht op Lier (waar men verbinding had met Antwerpen), die een deel van de Leuvense kanaaltransporten zou kunnen ,,afsnijden".

De bundels bevatten verwonderlijk genoeg weinig gegevens over de tussenkomst van de Kamer ten gunste van persoonlijke aangelegenheden van haar leden. De actie ten voordele van het algemeen belang schijnt echt goed in het oog te zijn gehouden.

Doorheen de algemene politieke troebelen van de jaren 1790, tijdens dewelke onze mensen trouw waren blijven vergaderen en een indrukwekkende informatieactiviteit hadden ontplooid, priemde in de periode

— J.B. Beckx (1789, 1794)

— P. Claes (1791, 1794)*

— Bartholomeus Corthout (1789, 1791, 1794)*

— J.C. de Brabant (1789, 1794)

— weduwe Philippus de Bruyn & zoon (Livinus Philippus) (1785, 1789)

— H. Decoster (1789, 1794)

— N.A. de Huttebize (1789)* ⎱
  De Huttebize zoon (1794)* ⎰ (?)

— F. De Raymaecker (1794)*

— L. Gilbert (1794)

— Guerin (1789)

— Hermans (1794)* ⎱
  Impens (1785, 1791, 1794)* ⎰ „Maison Impens & Hermans" (1794)

— J.F. Lints (1789)*

— P.M. Lints of Lintz (1789, 1793, 1794)* ⎱ „Maison P.M. Lintz
  Joseph de Bériot (1794)* ⎰ & de Bériot" (1794)

— B. Marcelis (1785, 1791, 1794)* ⎫
  J.N. Marcelis (1789)* ⎬ (?)
  Pierre J. Marcelis (1794)* ⎭

— Jean Joseph Peemans (1785, 1789, 1791-1794) ⎱
  Antoine Charles Peemans (1794) ⎰ „Maison frères Peemans" (1794)

— Paul Peeters (1789, 1794)*

— J.J. Poullet (1789, 1792)*

— P.J. Poullet & sœur (1785, 1789, 1794)

  → „Maison P.J. Poullet & sœur" (vertegenwoordiger: B. Marcelis (1794)

— Lambert Stappaerts (1785, 1789, 1794)*

— B. Vandenberck (1789, 1794)

— P. Vandenput (1789, 1794)*

— François van Resegem (1789, 1794)

— A.L. Van Roelenbos(ch) (1785, 1789) ⎱
  J.J. Van Roelenbosch (1789) ⎰ (?)

— G. Vanuye (1789)

— C. Wouters (1785)

[— A.M. Zanino, makelaar (1789, 1791)]

Tabel 24: Leden van de Leuvense Kamer van Koophandel (*1785*, 1789-1794); * werden lid van het „Franse" stadsbestuur (cf. tabel 25).

van de tweede Oostenrijkse Restauratie plotseling de officiële erkenning. Op 22 april 1793 had de Kamer om erkenning gevraagd aan het Officie Fiscaal van de Raad van Brabant; op 9 mei 1794 schreef men haar dat de ordonnantie van 4 april deze wens ingewilligd had. Op 17 juni van dat jaar werd haar basisreglement gepubliceerd. Een lijst van 22 april vermeldt nog 21 leden; in totaal hadden tijdens de voorafgaande periode, sinds 1785-1789 dus, 25 handelaars, commissionairs en/of firma's voor lange of korte tijd de rangen van de „Commerciekamer" vervoegd (tabel 24).

Deze erkenning was voor de Leuvense economische politiek van het Oude Regiem een merkwaardige, zij het wat late gebeurtenis. Sinds het midden van de 18de eeuw had de centrale regering, geruggesteund door de bijzondere omstandigheden van het kanaalfailliet de Leuvense stadsregeerders quasi uitgesloten van iedere deelname aan en ieder advies over het economisch gebruik van haar infrastructuur. Vanaf de jaren 1760 had de stad, met de financiële hulp van het brouwersambacht, zich vrijwel uitsluitend beziggehouden met de delging van de kanaalschuld. Na de vaart was er in niets meer geïnvesteerd, een houtmarkt in de jaren 1780 niet te na gesproken. De politieke zwakheid van de centrale regering moest in 1793-1794 nu ook voor de Leuvense handelsinitiatieven enige ruimte laten. Dat de context echter om ter ongunstigst was, is echter een andere geschiedenis ...

De nieuwe vereniging zou onbeperkt zijn qua ledental. Men werd na stemming aanvaard. Iedereen betaalde f. 1.11.2 per maand. Wie wou mocht altijd opstappen, na aan al zijn verplichtingen voldaan te hebben. Het bestuur werd om de zes maanden, in januari en in juli, verkozen: één voorzitter (*préposé*), twee bijzitters (*assistants*) en twee secretarissen. De kassier bleef één jaar aan. De mandaten waren niet continueerbaar. De voorzitter en één bijzitter, of, bij ontstentenis van de eerste, de twee bijzitters, riepen de vergaderingen samen. Mits één derde van de leden aanwezig was, konden bij meerderheid van stemmen besluiten aangenomen of verworpen worden. Een verkozen commissie van drie leden kon worden belast met het opstellen van verzoekschriften en rapporten of met afvaardigingen; niemand mocht een dergelijke opdracht weigeren. Zolang als nodig bleek mochten de vergaderingen opgeschort blijven.

Ten einde gerechtelijke acties onder de leden zoveel mogelijk te beperken, was een soort „arbitrage in der minne" voorzien: vier tot zes arbiters mochten voor de helft door ieder van beide partijen gekozen worden. De arbiters stelden wel een eigen voorzitter aan. Deze rechtspraak werkte volgens het compromis-principe.

Het milieu waaruit gerecruteerd werd mag wel merkwaardig genoemd worden. Tabel 25 toont aan dat, gezien door de bril van de „Commerciekamer", groothandel en commissiehandel zeker niet voor analfabeten bestemd waren, dat het er aan universitair gevormden en notarissen niet ontbrak en dat de handelstransacties duidelijk niet de hele dagtaak van die mensen uitgemaakt hebben. Wij krijgen tevens de indruk dat de Franse Tijd niet al te gunstig voor sommigen van onze handelaars is geweest, vermits een aantal onder hen via politieke wegen erin gelukte een (bezoldigd) openbaar ambt te bemachtigen. De meest interessante vaststelling hoeft ons niet te verwonderen: de politiek-marginale positie welke door deze lieden tijdens de laatste decennia van het Oude Regiem tegenover de „klassieke" stedelijke bestuursvorm ingenomen was, hun economische ongebondenheid in vergelijking met het dan toch vrij gedirigeerde milieu van het stedelijk ambachtswezen, hun traditie van grotere vrijheid mag men wel zeggen, had hen als het ware voorbestemd om plaats te nemen in de rangen van de vertegenwoordigers van de „nieuwe orde". Zeventien van de vijfentwintig geregistreerde leden van de „Commerciekamer" uit de periode 1785-1794 hebben deeluitgemaakt van de Franse municipaliteit, hetzij van het toenmalige officiële liefdadigheidswezen. Dat zij in die mandaten niet de geringste plaatsen bezet hielden bewijst het voorbeeld van Joseph Xavier de Bériot, de oom van de befaamde vioolvirtuoos Charles Auguste (1802-1870), die het tot *maire* bracht.

Wij menen nog enkele opmerkingen te moeten aanvoeren. Wanneer men aan de hand van de lijsten van de aangeslagenen voor de bekende gedwongen lening van het jaar IV (1795-1796) (in feite een echte oorlogsbelasting) nagaat wie allemaal in aanmerking kwam voor de kwalificatie „groothandelaar", en men zich baseert op het feit dat alle leden van onze Kamer als koopman en/of als handelaar werden ingeschreven, dan slaagt men erin niet minder dan 86 dergelijke kooplui en handelaars te verzamelen. Onder hen bevinden zich tien wijnhandelaars, leden van het wijntaverniersambacht; de voddenkoopman en de koopman-bakker en de ijzerhandelaar, moeten dezen ook tot de groep gerekend worden? De vier houthandelaars daarentegen waren alvast geen lid van het timmerlieden- en houtbrekersambacht en zij deden beslist aan groothandel. Al moet toegegeven worden dat 86 misschien wat veel is, zeker is dat de 25 mensen en/of firma's die in 1785-1794 als lid van de Kamer optraden ongeveer slechts een derde van de potentiële kandidaten uitgemaakt hebben.

— Pierre Claes (1745-1815), *conseiller municipal* 1800-1814, lid van de *commission des hospices civils* 1796-1798; *négociant, bachelier en médecine.*

— Bartholomeus Corthout, lid van de *commission de bienfaisance, dite de secours à domicile* 1797-1803; *négociant.*

— Joseph Xavier de Bériot (1764-1816), *échevin* 1794-1795, *officier municipal* 1798, *maire* 1800-1808; *négociant,* notaris, *administrateur départemental.*

— Nicolas-Antoine de Huttebize, père (1737-1807), lid van het *corps des notables* 1795, lid van de commissie en het bureau voor het beheer van de goederen van de afgeschafte Universiteit 1797-1800; *tanneur* — leverde in 1795 voor 250 000 ponden schoenen aan de Franse Republiek.

— Pierre de Huttebize, fils (1766-1822), *échevin* 1794-1795, *officier municipal* 1795-1796, *receveur général de la caisse de bienfaisance* (van de stad), *dite caisse de secours* 1796-1803; *tanneur.*

— Jean-François de Raeymaeckers (1754-?), lid van het *corps des notables* 1795, *conseiller municipal* 1800-1804; vader: Gérard, *tanneur; négociant, homme de loi,* advocaat bij de Soevereine Raad van Brabant.

— Louis Hermans (1765-1811), *officier municipal* 1798-1800; *épicier.*

— Joseph-Albert Impens (?-1808), *officier municipal* 1797-1798; *négociant, aubergiste.*

— Josse-François Lints (1756-1823), *conseiller municipal* 1800-1814; *homme de loi, secrétaire de l'ancienne Université.*

— Pierre-Martin Lints (1758-1812), *conseiller municipal* 1804-1807; *receveur d'arrondissement, négociant,* advokaat.

(— Lowet père, lid van de *commission des hospices civils* 1796-1798; *rentier* (cfr. tabel 23)).

— Benoît Marcelis (?-1807), *échevin* 1794-1795, *officier municipal* 1795-1797, *adjoint au maire* 1800-1801, lid van de *commission des hospices civils* 1798-1806; *négociant.*

— Jacques N. Marcelis (1768-1845), *conseiller municipal* 1804-1814; *négociant, bibliothécaire* (Univ. Halle), *secrétaire* (van Leuven), *greffier du tribunal de commerce.*

— Pierre-Joseph Marcelis (1765-1833), *officier municipal* 1795-1797; *négociant,* notaris, *secrétaire.*

— Paul Peeters, lid van het *corps des notables* 1795, *conseiller municipal* 1800-1801; *négociant.*

— J.J. Poullet, lid van het *corps des notables* 1795, lid van de *commission de bienfaisance dite de secours à domicile* 1797-1803; *négociant.*

— Lambert Stappaerts (1752-1813), *conseiller municipal* 1804-1814; *négociant, crémier, juge du tribunal de commerce.*

— Pierre Vandenput (1755-1822), *échevin* 1794-1795, lid van de *commission des hospices civils* 1798-1806; *négociant.*

Tabel 25: Leden van de Leuvense Kamer van Koophandel, lid van het ,,Frans" stadsbestuur (1794-1814), van de ,,Franse" Godshuizencommissie en van het Liefdadigheidsbureau (1796-1806).

Geschat fortuin (in livres)	Aantal volgens: de gedwongen lening van 1795-1796	daarvan in de „Commerciekamer" (1785-1794)	daarvan in de officiële mandaten
1 000 000	1	–	–
600 000	1	–	–
500 000	5	2	1
200 000	7	1	–
160 000	1	–	–
150 000	6	3	2
100 000	10	6	3
80 000	2	1	1
70 000	1	1	1
60 000	2	–	–
50 000	15	3	1
40 000	3	1	1
30 000	7	1	–
20 000	13	2	2
15 000	1	1	1
10 000	4	1	1
onbekend	7	1	1
Totaal	86	24	15

Tabel 26: De leden van de „Commerciekamer" versus de andere Leuvense kooplui en handelaars.

De hele „handelswereld" heeft zich zeker niet achter de Kamer geschaard! En niet van alle Kamerleden kan gezegd worden dat zij aanhangers van de „nieuwe orde" waren. De firma van de weduwe Philippus de Bruyn & zoon (Livinus Philippus) zeker niet, want wijlen Philippus en daarna zijn weduwe hadden zich sinds 16 juli 1757 bijna 40 jaren lang als rentmeester van de stedelijke vaartkas als trouwe Ancien Régimevolgelingen gedragen; geen lid van deze firma zetelde trouwens in de Franse stadsbesturen. Zij waren echter, zoals wij reeds vermeld hebben, uitzonderingsgevallen.

Bekijken wij de financiële stratigrafie van de 86 potentiële leden en

134

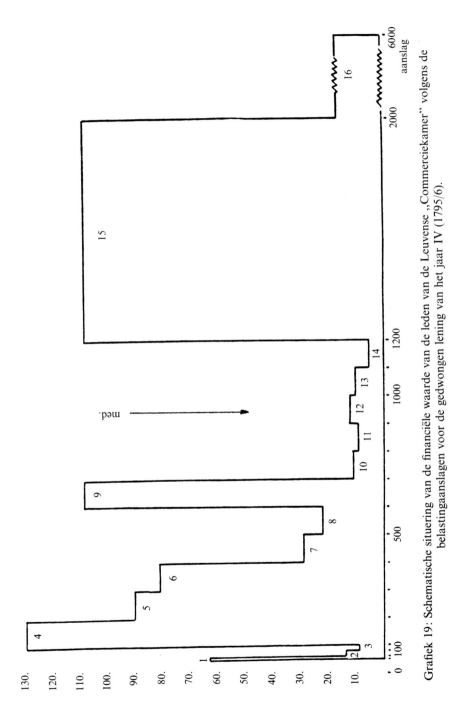

Grafiek 19: Schematische situering van de financiële waarde van de leden van de Leuvense ,,Commerciekamer'' volgens de belastingaanslagen voor de gedwongen lening van het jaar IV (1795/6).

135

vergelijken wij deze met de financiële spreiding van de participanten van de „Commerciekamer" (tabel 26), dan ontdekken wij een treffende overeenkomst. Deze wijst erop dat de Kamer als een staalkaart voor het geheel mocht fungeren en dus zeker niet exclusief onder bij voorbeeld de financieel sterksten of de pecuniair zwakkeren gerecruteerd heeft. Voorlopig, d.w.z. in afwachting dat andere argumenten gevonden worden, kan men zeggen dat de aanwerving gebeurde onder ideologisch gelijkgestemden, namelijk onder de progressieven van de vrijhandelsgedachte, die de realisatie van dit programma mogelijk zagen binnen nieuwe politieke structuren. De omstandigheid dat de groep zowel tijdens het Jacobijnse bewind als onder het Consulaat en het Keizerrijk bleef meewerken schijnt erop te wijzen dat op politiek gebied een redelijk grote plooibaarheid aan de dag werd gelegd.

De mediaan van de aanslagklassen en die van de fortuinwaarde van de leden van de Kamer bedroegen respectievelijk 950 *livres* (12de klasse) en 80 000 *livres* (modus 100 000 *livres*). Het ging dus om mensen uit de hogere middenklasse (grafiek 19). Van een klein aantal onder hen werd zelfs opgetekend dat zij hun kapitaalbezit recentelijk, dank zij de Revolutie, vergaard hadden. Een even groot aantal had echter onder de militaire opeisingen zwaar te lijden gehad en werd daarom lichter belast. De latere politieke top trof men in 1795-1796 eerder in de lagere belastingsregionen. De rijksten hebben in 1785-1794 een lidmaatschap niet interessant gevonden.

*
* *

1789, een topjaar in de branding van de omwentelingsperiode 1787-1800/1, toonde op sociaal-economisch vlak, ondanks de zware politieke schokken onder dewelke de Leuvense maatschappij regelmatig duizelde, zowel elementen van een evoluerend Oud Regiem als vóórlopende facetten van een Nieuwste Tijd. Het Ancien Régime, in kracht teruggekeerd onder de vorm van een „reactionaire" Brabantse Revolutie, bleef in merg en been de samenleving in haar „achtergrondophangingspunten" domineren en zou, althans op financieel, sociaal en economisch terrein, spijts de komende aardverschuivingen van de eerste jaren van de Franse Tijd, nog vele decennia de Dijlestad blijven typeren. Het tijdelijk wegvallen van de uiterlijke Kerk en van de Universiteit was ook op dit volop materiële terrein niet te onderschatten.

CATALOGUS

**Twee Pijlers van de Leuvense Economie:
het Ambachtswezen en het Groothandelsmilieu.
Een Evocatie**

1. Het Ambachtswezen en de lokale Nering.

A. *Van Knecht tot Meester.*

1. Het „Aendrachtboek der knechten" van het Leuvense Plafonneerders- en strodekkersambacht.

Leuven, 1768-1794.
Stadsarchief Leuven, fonds Oud Regiem, Gedeponeerde stukken, no. 11736.

Aansluitend op de rekeningen van het ambacht werd jaarlijks genoteerd welke knechten door een meester in dienst waren genomen en eventueel het bedrag aan goudguldenbelasting dat deze meester voor zijn gasten betaalde. Voor de periode 1699-1768 moeten wij die aandrachtlijsten gaan zoeken in het rekenboek. Vanaf 1768 vinden wij de lijsten in onderhavig register terug; van de betaalde goudguldentaxe is hier echter geen spoor. Volgens de gegevens uit de grote ambachtsenquête van 1783 bedroeg deze belasting voor een gewone vrije knecht, die dus twee leerjaren bij een meester had doorgebracht, f. 1.8 en voor een onvrije, niet-„geleerde" knecht en/of voor een vreemde knecht f. 0.16. Dergelijke documentatie laat ons ook toe een deel van het curriculum van de werklieden te volgen.

2. Het Leerknechtenboek van het Leuvense Brouwersambacht.

Leuven, 1717-1795.
Stadsarchief Leuven, fonds Oud Regiem, Gedeponeerde stukken, no. 11591.

Wie hogerop wilde en het van onvrije tot vrije knecht wenste te schoppen moest een tweejarige leertijd doormaken. Daarna kon een niet-meesterszoon eventueel ook aan de meesterproef gaan denken. Bij de aanvang van de leertijd werd de naam van de leerknecht in onderhavig boek genoteerd. Dit archiefstuk, lopend over de periode 26 december

1717-26 maart 1795, bevat dus zowel de namen van de leerknechten die later als meester in het brouwersambacht werden ingeschreven, als deze van degenen die geen meester werden of zelfs hun leertijd niet voltooiden.

3. Een Biljet van Afscheid.

Leuven, 16 mei 1795.
Uit: Admissieboek van de Vissers, folio 39.
Stadsarchief Leuven, fonds Oud Regiem, Gedeponeerde stukken, no. 11697.

Volbracht men zijn leertijd naar behoren, dan kreeg men van zijn leerbaas een biljet van afscheid. Meester visser Henricus Rummens (° 21.11.1744) schreef dergelijk biljet voor Cornelius Guilielmus Moens, die bij hem leerde tijdens de periode 15 mei 1793-16 mei 1795. Rummens was meester in het ambacht sinds 20 augustus 1767; tijdens de jaren 1787-1794 was hij ambachtsdeken.

4. De Meesterproef van de Leuvense Schrijnwerkers.

Leuven, juli 1744.
Pentekening gehoogd met waterverf.
Stadsarchief Leuven, fonds Oud Regiem, no. 384, tussen fol. 288 vo en 289.

Vergeleken met dergelijke voor Brussel bewaarde tekeningen, blijkt het werk van de Leuvense ambachtslui toch heel wat niveau te hebben gehad.

5. Een Boek van de Meestersopnamen van de eerste Eed van het Kramersambacht.

Leuven, 1755-1795.
Stadsarchief Leuven, fonds Oud Regiem, Gedeponeerde stukken, no. 11642.

De naam van de nieuwe meesters van het kramersambacht werd altijd in een inschrijvingsregister genoteerd. Voor de periode 1714-1795 werden drie dergelijke registers bewaard. Eén register was bestemd voor noteringen van alle eden van 1714 tot 1769. Het onderhavige boek bevat de

140

naam van de eerste eedleden uit 1755-1795. Een derde exemplaar continueerde het eerste register voor de tweede en verdere eden van na 1769 en tot 1795.

Behalve de naam van de nieuwe meester werd de datum van opname, de eed en het inkomgeld vermeld. Meestal werden ook de dienstdoende deken en de naam van de ouders van de nieuweling opgeschreven.

B. *Bestuur en Stedelijke Opdrachten.*

6. Kiezerslijsten.

Leuven, 1792-1794.
Stadsarchief Leuven, fonds Oud Regiem, no. 1191.

Omdat de ambachten participeerden in het stadsbestuur, moesten theoretisch alle jaren, in het kader van de algemene stedelijke magistraatsverkiezingen, ook in de ambachten verkiezingen georganiseerd worden. Telkens weer moesten lijsten van de kiesgerechtigde leden opgesteld worden. Normaliter ging het om leden van de eerste eed, soms ook alleen maar om meesterszonen. Belastingspachters en ambtenaren in openbare dienst (bijvoorbeeld molenaars van de hertogelijke banmolens) waren uitgesloten.

7. Portret van Guillielmus Homblé († 1792).

Jan Baptist Vanden Kerckhoven († 1772), 1767.
Olie op doek, 117 × 95 cm.
Stedelijk Museum, Leuven, nr. S/1/K.

Homblé was een meester van het groot ambacht. Deken van 1743 tot 1745 en van 1746 tot 1750, werd hij in het laatstgenoemde jaar en tot in 1756 en nogmaals in 1773 overdeken van zijn natie. Hij zetelde in de stadsmagistraat als raadslid (1750-1756), als burgemeester uit de natiën (1758-1767 en 1770-1789), en als schepen (1789-1792).
Tijdens de politieke vaartmoeilijkheden behoorde hij tot de anti-kanalistische partij.

8. Rubensstoel van Joannes Baptista Sneyers.

Onbekend meester, Leuven (?), 1704 (?).
H: 89 cm., B: 66 cm., D: 46 cm.
Stedelijk Museum, Leuven, Meubilair, nr. M/26.

Op de rugzijde van deze rechthoekige zetel met lederen bekleding en op vele plaatsen met koperen spijkers beslagen, volgende inscriptie: „Sr. Joan Baptista Sneyers aut rendtmeester ende scepenen borchemeester dese stadt Loven 1704".
Sneyers was sinds 2 september 1684 meester van het kramersambacht. Hij was schepen van de stad van 1700 tot 1703 en van 1713 tot 1717, en burgemeester uit de natiën van 1704 tot 1713 en van 1717 tot 1721.

9. Matrijs van het Zegel van het Brouwersambacht van Leuven.

Leuven, 18de eeuw.
Koper, ovaal 21 × 18 mm.
Stedelijk Museum, Leuven, Sigillografische verzameling, nr. B/IV/15.

Ovaal, rechtstaand hagiografisch type: de heilige Arnoldus van Soissons, patroonheilige van het ambacht met bisschopsstaf; rechts van hem het wapenschild van Leuven, links een stuikmand met twee moutgaffels, attributen van het ambacht; een gepunte omlijning.

10. Het Brouwershuis.

Joseph Maswiens (1828-1880), Leuven, tweede helft 19de eeuw.
Olie op doek, 80 × 65 cm.
Stedelijk Museum, nr. S/21/M.

Gezicht vanaf de Grote Markt in de richting van de voormalige Hooimarkt en de hoek van de Tiensestraat: in feite stond het huis op een deel van het huidige Fochplein.
Door het octrooi van 14 augustus 1739 had het brouwersambacht de toelating gekregen om f. 38900.0 wisselgeld te lenen op de inkomsten van de aparte stadskas van de dry guldensbelasting, ten einde daarmee de bouw van zijn ambachtszetel, het brouwershuis, te bekostigen. Het gebouw werd opgetrokken in 1739-1740. In de Franse tijd werd het als nationaal goed verkocht. Het werd afgebroken in 1870-1871 in het kader van de werken voor het verlengen van de voormalige Statiestraat in de richting van de Grote Markt.

Nr. 10.
(Foto Brouwerij Artois).

11. Matrijs van het Zegel van het Vissersambacht van Leuven.

Leuven, 18de eeuw.
Koper, ovaal 35 × 28 mm.
Stedelijk Museum, Leuven, Sigillografische verzameling, nr. B/IV/19.

Ovaal, rechtstaand hagiografisch type: in het midden Sint Pieter met boek en sleutel, patroonheilige van het ambacht; achter hem links een vis. Op de asymmetrische omlijsting, bekroond door het wapenschild van Leuven, zijn vissen ingewerkt. Onderaan het opschrift: VISS(ers) AMB(acht).

12. De Altaarrekeningen van het Leuvense Groot Ambacht.

Leuven, 1756-1796.
Stadsarchief Leuven, fonds Oud Regiem, Gedeponeerde stukken, no. 11665.

Van het groot ambacht blijven twee afzonderlijke reeksen rekeningen bewaard: de gewone administratierekeningen en die van het ambachtsaltaar. De eerste serie bestrijkt de periode 1735-1796, de tweede (onderhavig boek) betreft de jaren 1756 tot 1796.
Het ambacht als godsdienstig genootschap betrok zijn inkomsten uit bijdragen van knechten en leerlingen, uit een offerblok en uit gevarieerde boeten. De uitgaven van de altaarrekeningen gingen bij bepaling naar de onkosten voor de ,,ambachtelijke'' eredienst.

13. De Sint-Elooikapel in de Parijsstraat.

Leuven, begin 19de eeuw.
Potloodtekening gehoogd met pen, sepia, papier, 17,8 × 24,3 cm.
Stedelijk Museum, Leuven, nr. LP/351.

Met een achterhuis en de ambachtskamer vormde de in 1456 opgerichte kapel een complex dat toebehoorde aan het smedenambacht. Verkocht als nationaal goed tijdens de Franse tijd, geraakte zij in privé-bezit.

14. Het Rekenboek van de Busmeester ,,der rijke Bussen'' van het Kramersambacht.

Leuven, 1697-1714.
Stadsarchief Leuven, fonds Oud Regiem, Gedeponeerde stukken, no. 11658.

Het kramersambacht had een soort mutualiteit waarvan voor de periode 1697-1714 de rekeningen bewaard zijn; de rekening van het jaar 1700-1701 ontbreekt.

De inkomsten van deze kas bestonden uit bijdragen van de leden; de uitgaven vallen uiteen in twee delen: eerst de gewone administratieve onkostenposten en vervolgens het steungeld. Meestal wordt de ondersteunde persoon genoemd, maar slechts zelden noteerde men de reden van de verleende steun.

Twee busmeesters waren aangesteld; zij werden verkozen voor twee jaar. Ieder jaar trad een busmeester af en werd vervangen door een nieuwe. Zó was de permanentie verzekerd.

15. Het „Pegelboeck van den Broode".

Leuven, 1523-1653.
Stadsarchief Leuven, fonds Oud Regiem, Gedeponeerde stukken, no. 11706.

Als leden van een commissie belast met het vaststellen van het gewicht van de broden, participeerden mensen van het bakkersambacht in de handhaving van de rust en de sociale rechtvaardigheid binnen de stad. Ten einde dit gewicht zeer nauwkeurig te bepalen, werd zelfs van munt- en juweliersgewichtjes gebruik gemaakt.

16. Tinstempel. Kwaliteitsmerk de grote Roos.

Leuven, na 1712.
IJzer, 27 × 21 mm.
Stedelijk Museum, Leuven, Sigillografische verzameling, nr. B/IV/67.

Het kwaliteitsmerk draagt de initialen van tingieter H(enricus) F(ranciscus) S(taes). Staes werd aanvaard als meester in het ambacht der tin- en loodgieters van de smeden op 8 oktober 1712.

17. Tinstempel, Meestermerk van Jaspar Crocquet.

Leuven, na 1737.
IJzer, 16 × 15 mm.
Stedelijk Museum, Leuven, Sigillografische verzameling, nr. B/IV/65.

Schildvormig: het stadswapenschild van Leuven, met in het schildhoofd de letters G(aspar) C(rocquet). Crocquet werd aanvaard als meester in het ambacht der tin- en loodgieters van de smeden op 14 november 1737.

18. Disbord.

Leuven, na juli 1770.
Tin, diameter 240 mm., gewicht 550 gr.
Stedelijk Museum, Leuven, verzameling Tin, nr. B/VII/21.

Guillielmus Simon Minten werd meester van de tweede eed van het tin- en loodgietersambacht van de smeden op 25 juli 1770.
Diep disbord met uitgeholde, afgelijnde en afgeronde boord. Achteraan: groot roosmerk met de meestersinitialen S.M. en het stadswapen van Leuven.

19. Register van de „Heytselbelasting".

Leuven, 1755.
Stadsarchief Leuven, fonds Oud Regiem, Gedeponeerde stukken, no. 11705.

Deze taxe op het „heyten" of aansteken van een broodoven werd ingesteld als een belasting voor de kanaalfinanciën.
Dergelijk document laat ons toe de individuele produktie van de Leuvense bakkers te achterhalen.

2. Het Raakvlak van het Ambachtswezen en de lokale Nering. Twee voorbeelden: de Bieruitvoer en de Vishandel.

20. Het „Boeck der Buytenbieren" van januari tot juni 1780.

Leuven, 1780.
Stadsarchief Leuven, fonds Oud Regiem, no. 2968.

Dag na dag werd genoteerd hoeveel en waar iedere brouwerij buiten de stad leverde. Het gaat om een belasting ten gunste van de kanaalfinanciën, ingesteld op basis van het octrooi van 25 juni 1757; tegelijkertijd was ook de kostprijs van het getapte bier (kleinhandel) verhoogd. Deze groothandel was in handen van de brouwers-leveraars.

21. Sint Arnoldus van Soissons.

Pieter Jozef Verhaghen (1728-1811), Leuven, na 1780.
Olie op doek, 120 × 100 cm.
Kerkfabriek van Sint Hubertus, Wespelaar.

De heilige patroon van de brouwers, in bisschopsgewaad, heeft als attributen de stuikmand en de roerstok. Een lokale traditie beweert dat dit doek aan de parochiekerk van Wespelaar zou geschonken zijn door de familie Artois. In dit verband moet worden vermeld dat de Verhaghens aan de Leuvense Vaartkom de buren waren van de Artois.

22. Portret van Leonardus Franciscus Artois (1745-1814).

Einde 18de eeuw.
Olie op doek, 60,5 × 50,5 cm.
Brouwerij Artois, Leuven.

In 1785 vormden de broers en zusters Artois een vennootschap. Onder het beleid van brouwer-leveraar Leonardus Franciscus bereikten hun installaties ca. 1800 hun 18de-eeuws hoogtepunt: „de Horen" in de Mechelsestraat, „de Franse Kroon" (1787) aan de Vaartkom, en de daarnaast gelegen brouwerij „Prins Karel" (1793).

23. Portret van Joanna Maria Artois (1762-1840).

Begin 19de eeuw.
Olie op doek, 100 × 75 cm.
Brouwerij Artois, Leuven.

Leonardus Franciscus' jongste zuster trouwde in 1814 met Joannes Baptista Josephus Gislenus Plasschaert (1769-1821), die *maire* van Leuven (1811-1813) was geweest en onder het Hollands regiem lid van de tweede kamer der Staten-Generaal (tot 1819) zou worden. Joanna was de laatste vertegenwoordigster van het bekende brouwersgeslacht.

24. Herbergtafereel.

Jan Jozef Verhaghen (1726-1795), Leuven, tweede helft 18de eeuw.
Olie op doek, 98 × 129 cm.
Stedelijk Museum, Leuven, nr. S/12/V.

Het doek is bekend onder de benaming „de Kaartspelers". Een kaart-
speelster en een speler zitten rond een tafel; vier personen volgen
rechtstaand het spelverloop. Op de tafel staat een gevulde drinkbeker
en op het voorplan een kruik. Kruiken en aardewerk zijn over heel
het doek verspreid: vandaar de bijnaam van de schilder „Pottekens
Verhaghen".

25. Register van de Leuvense Vismijn.

Leuven, 1781.
Stadsarchief Leuven, fonds Oude Regiem, no. 5881.

Ingesteld in 1754 als een belasting voor de stedelijke vaartkas, belastte
deze impost van 10% op de vismijn alle verse zeevis, mossels, krabben,
abberdaan of gezouten kabeljauw en (sinds 1756) zeekreeften. De
haring, de andere gezouten zeevis en de riviervis waren vrij. De aange-
voerde vis werd, na gekeurd te zijn, in de vismijn te koop aangeboden.
Te Leuven gebeurde dit in een „vorstelijke vismijn". Men moest hier
aan centrale belastingrechten voldoen. De vis echter, die kooplieden
uit Antwerpen, Brussel en Mechelen naar de visverkopers zonden,
diende in Leuven niet meer gemijnd te worden. Deze was namelijk in de
hogergenoemde plaatsen reeds in de vismijn verkocht en zodoende
waren de vorstelijke rechten reeds betaald.
In de bronnen werd ook gewag gemaakt van het begrip „afslag". Dit
verwijst naar een openbare verkoop, waarbij de bedragen van inzet in
een afdalende reeks werden vermeld en de koop aan de eerste afmijner
toegewezen werd. De mijn bestond reeds lang voor 1754!
Enkel een ambachtshouder kon de eerste koop inmijnen. Uitzondering
hierop vormden de ambachtshouder-mijnmeester en de ambachtshouder-
accijnzenaar. Het visverkopersambacht had nog meer voordelen verworven inzake het inmijnen. Zo mochten enkel de ambachtshouders in
de mijn vis kopen, om deze later buiten Leuven te verkopen. Ook
konden alleen de visverkopers zich associëren om in de mijn aankopen
te doen. Dit verenigingsrecht bracht hen volgens ons een dubbel
voordeel. Ten eerste konden zij de prijs laag houden, daar er minder

concurrenten waren. Ten tweede waren de visverkopers op die manier in staat een groter assortiment aan hun kliënteel aan te bieden want een koper mocht in de mijn slechts één koop doen op de acht, twee op twaalf, bij meerdere kopen kon er naar believen aangekocht worden.

Voor niet-leden golden de bovenomschreven privileges niet. Zij konden weliswaar vis kopen in de mijn, maar zij mochten hem, hetzij in zijn geheel, hetzij gedeeltelijk, niet verder verkopen. De beenhouwers echter bekleedden hier een uitzonderingspositie. Tengevolge van voordelen verworven in het begin van de 18de eeuw, waren zij wel gerechtigd de vis verder te verhandelen. Het beenhouwersambacht werd door de kna(a)p(en) van het visverkopersambacht op de hoogte gehouden van het aanbod in de mijn. De kna(a)p(en) deelde(n) dan het uur van de inmijning mee. Deze laatste kon niet worden begonnen vooraleer het horloge van de Sint-Pieterskerk dit uur had geluid.

De vismijn werd gehouden op de Vismarkt.

26. De Vismarkt van 1763.

Leuven, 28 juni 1762.
Figuratief plan, 32 × 47 cm, gehoogd met waterverf, papier.
Stadsarchief Leuven, fonds Oud Regiem, no. 383, fol. 59.

De oude Dijlehaven aan de Vismarkt was door de aanleg van het kanaal van Leuven naar de Dijle boven Mechelen bijna nutteloos geworden. Zij zou vanaf 1763 heraangepast worden voor de stapel van de vis, de vismijn en de vismarkt.

Te Leuven beheerste het visverkopersambacht het grootste deel van de vishandel. Deze tak van de binnenstedelijke bedrijvigheid was streng gereglementeerd. Zo werd onder meer de handel in zoutwatervis streng gescheiden gehouden van deze in zoetwatervis. De groene- of riviervis diende door de ambachtsleden op de Vismarkt in viskuipen tentoongesteld te worden. Daarbij mochten zij deze soort vis enkel aanbieden op vastgestelde uren, namelijk van 1 oktober tot Groot Vastenavond (dinsdag vóór Aswoensdag) na 12 uur en in de tussenliggende periode na 11 uur. De zeevis moest op de Vismarkt op visbanken geëtaleerd worden. Ook hier golden strakke regels. De zoutwatervis diende tot 12 uur op deze plaats uitgestald te worden. Pas daarna mocht men de onverkochte vis thuis opslaan.

De verkoop van schaaldieren als garnalen, steurgarnalen, steurkrabben, kreeften, krabben en kreukels, hoefde niet op de Vismarkt plaats te

Nr. 26.
(Foto Cinefix-Buken).

150

vinden. De ambachtsleden mochten hiermee langs de straten leuren. Ook de droge en de stokvis viel onder een gelijkaardige reglementering. Op de verkoop van mosselen waren dezelfde voorschriften van toepassing, zij het dat de ambachtsleden de verkoop tot 11 uur op de Vismarkt dienden te centraliseren; daarna mochten deze gevent worden. Oesters moesten aan de visbank worden verkocht.

De vrije maandagse markt vormde een uitzondering op de reglementering van de vishandel. Op deze markt konden buitenlieden en vreemdelingen zoetwatervis aanbieden. De verkoop moest evenwel doorgaan van 9 uur tot 12 uur tijdens de periode 1 oktober tot Groot Vastenavond en van 8 uur tot 11 uur in de tussenliggende tijdsspanne. Zij mochten zich niet inlaten met de verkoop van zeevis, gezouten vis, e.d.

27. De oude Haven aan de Vismarkt.

Leuven, ca. 1615-1616.
Handschrift II-2123 van de Koninklijke Bibliotheek Albertina te Brussel, nr. 50, folio 52; fotografische reproduktie.
Opname VOSSCO, Leuven, 1979.

Gezicht op de haven aan de huidige Vismarkt en de boog van de Dijle in de huidige Karel van Lotharingenstraat. Links, achter het binnenschip, huizen van de *Werf*, een in 1880 gesloopte binnenkoer met woningen in de Mechelsestraat. Op de achtergrond: de gebouwen van de Sint-Gertrudisabdij. Rechts: het in 1236 gestichte augustijnenklooster met de in 1464, 1525 en 1570 gerestaureerde kapel. Op de tentoonstelling *Leuven anno 1600*, georganiseerd naar aanleiding van de inhuldiging van het nieuwe BBL-gebouw in de Bondgenotenlaan, vergeleken wij deze oude situatie met de *actuele* toestand. Er is zeer veel veranderd: het augustijnenklooster is na de Franse Revolutie bijna totaal gesloopt; de Dijlearm werd in de jaren 1879-1884 overwelfd en er werd een vishal gebouwd. Tweemaal zelfs! De laatste (van 1882-1884) werd in 1970 afgebroken en vervangen door een plein.

28. De Vismarkt in 1871.

Joseph Maswiens (1828-1880), Leuven, 1871.
Olie op doek, 52 × 63 cm.
Stedelijk Museum, Leuven, nr. S/17/M.

In 1871 stond de in 1763 gebouwde en daarna lichtjes aangepaste „overhuiving" van de visbanken nog helemaal overeind.

29. De Vismarkt in 1880.

Pierre Vervou (1822-1913), Leuven, 21 juni 1880.
Potloodtekening, papier, 30,6 × 36,1 cm.
Stedelijk Museum, Leuven.

Vervou tekende de markt even voor de grote veranderingen.

30. De Vismarkt in 1970.

Pierre De Craan, Leuven, 1970.
Fotografische opname.

Voor de definitieve afbraak gekiekt!

3. Het Groothandelsmilieu. De oudste Kamer van Koophandel.

31. Plan van de Leuvense Vaart.

Gegraveerd door Ant. Opdebeeck uit Mechelen, en gedrukt bij Henricus Vander Haert te Leuven, midden 18de eeuw.
Drukwerk, papier; fotografische reproduktie.
Stedelijk Museum, Leuven, convoluut „Canal de Louvain".

Dergelijk plan, dat ook in een kleinere uitgave bestaat, werd verspreid in het kader van de pamflettenoorlog tijdens de politieke twisten rond de kanaalaanleg (1750-ca. 1759).

32. Opstandplan van de Voorgevel van Huizen aan de Vaartkom.

Leuven, tweede helft 18de eeuw.
Pentekening gehoogd met grisaille; fotografische reproduktie.
Stadsarchief Leuven, fonds Oud Regiem, no. 6084.

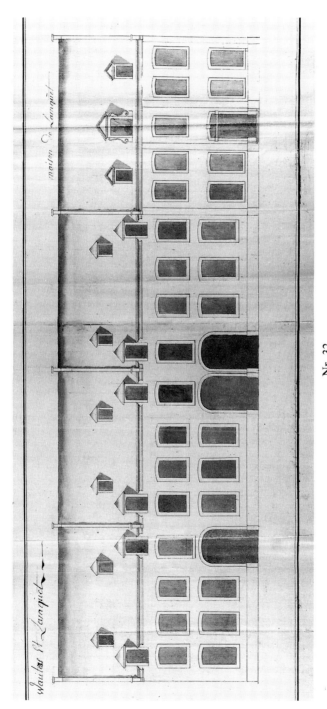

Nr. 32.
(Foto Cinefix-Buken).

153

Tussen 1754 en 1785 werden rond de kanaalkom volgens urbanistische principes huizenblokken gebouwd, bestemd voor handelaars, „industriëlen" en mensen uit de transportsector. De verwezenlijking kende echter slechts vrij laat succes wegens de terughoudendheid van de investeerders. Hier gaat het om huizenblokken gelegen tegen de stadsvesten.

33. De Vaartkom.

Toegeschreven aan Louis Marie Autissier (1772-1830), 1804.
Olie op doek, 78 × 113 cm.
Stedelijk Museum, Leuven, nr. S/301/0.

Dit schilderij toont zeer duidelijk de urbanistische realisatie van de nieuwe handels- en industriewijk die vanaf het midden van de 18de eeuw door de stadsmagistraat rond de kom van het kanaal van Leuven naar de Dijle boven Mechelen gecreëerd werd.

34. Het Kanaalcomplex.

Brussel & Leuven, Nels, Flion, Office Tout-Louvain & JPS, eerste kwart 20ste eeuw.
Prentbriefkaarten; fotografische reprodukties.
Stedelijk Museum, Leuven.

Ondanks de economische moderniseringen en de omvorming van vele handelsgebouwen tot industriële complexen, bleef heel wat van het originele complex rond de vaartkom bewaard. Tijdens de meidagen 1940 werd het grootste deel echter in de as gelegd en later niet meer in de oorspronkelijke vorm heropgebouwd.
Mogen wij even aanstippen dat tijdens de jaren 1960, 1970 en 1980 de industriële gebouwen langs de vaart stilaan weer tot handelscomplexen omgebouwd werden?

35. Een Overblijfsel van het oude Kanaalcomplex.

Tweede helft 18de eeuw.
Fotografische opname.
Vaart 44 e.v., 3000 Leuven.

Aan de kant van de Stapelhuisstraat staan nog steeds twee delen van een origineel huizenblok overeind; zij bevinden zich tussen een deel van het grote Artoiscomplex en het benzinestation Seca.

36. Een Binnenschip.

Nationaal Scheepvaartmuseum, Antwerpen.

Maquette van een 18de-eeuws schip, van een type dat het Leuvens kanaal bevaren heeft.

37. Een Poon en een Beurtschip.

Uit: Verzameling van Vier en tachtig Stuks Hollandse Schepen geteekend en in koper gebracht door G. Groenewegen, te Rotterdam, bij J. Van den Brink 1789, Noordblaak, D. 295.
Drukwerk, papier; fotografische reprodukties van de nrs. F.1 en F.9.

Het gaat om twee binnenschepen die effectief het Leuvens kanaal bevaren hebben. In het oudste tarief van het sasgeld (een vaarttol op het versassen der schepen) waren voor deze scheepstypes gedetailleerde voorwaarden voorzien.
Een poen of poon schijnt in de 18de eeuw een tonnemaat van 100 ton te hebben gehad; tijdens de 19de eeuw kon 180 bereikt worden. Een beurtschip (ook in de betekenis van een schip opgenomen in een regelmatige vaart, om beurten uitgevoerd door meerdere personen en schepen) was een binnenschip met volgende maten: 14 tot 17 m. lengte, maximum 5 m. breedte en een diepgang van 1,5 tot 1,8 m.; de tonnemaat bedroeg gemiddeld 30.

38. Chinees Uitvoerporselein.

Kien Longperiode (1736-1795), 18de eeuw.
Stedelijk Museum, Leuven.

Het porselein werd niet alleen als huisversiering aangewend, maar het fungeerde tevens als beter tafelgerei. Tijdens de tweede helft van de 18de eeuw was het in schier alle „betere" families aanwezig. Te Leuven was men erg geïnteresseerd in Chinees „goed": regelmatig werden in het *Wekelyks Nieuws uyt Loven*, dat hier sinds 1773 door J.B. Staes (1732-

155

een Beurtschip.

Nr. 37.
(Foto Cinefix-Buken).

1813) werd gepubliceerd, de aankondigingen van veilingen van uit het Oosten aangevoerd porselein opgenomen. Het produkt was hier tijdens de 18de eeuw zó goed ingeburgerd (cfr. de hoeveelheid gebruiksvoorwerpen in de chinees porseleincollectie de Spoelberch van Lovenjoel, K.U.Leuven), dat tijdens de 19de en 20ste eeuwen o.a. ook met „Leuvense" stukken hier ter plekke grote verzamelingen zijn samengesteld (cfr. E. Van Even en V. Demunter).
Onderhavige stukken staan hier representatief voor de handel op verre afstand, waarvan de echo's langzaam te Leuven gingen doordringen.

39.   Portretten van Petrus Franciscus Van Buggenhout (1769-1822) en van zijn echtgenote Joanna Theresia Quirini (1778-1820).

François Jacquin (1756-1826), Leuven, 1809.
Olie op doek, 68,5 × 55,5 cm.
Stedelijk Museum, Leuven, nrs. S/5/J en S/6/J.

156

Van Buggenhout en zijn vrouw waren handelaars-kooplui, gevestigd aan de kanaalkom. Volgens de documenten van de gedwongen lening van het jaar IV (1795-1796) bedroeg hun fortuin 20 000 *livres*.

40. De oudste Documenten van de Kamer van Koophandel van Leuven.

Leuven, 1785-1795 en 1814.
Stadsarchief Leuven, fonds Oud Regiem, Gedeponeerde stukken, nos. 11800 à 11802.

Het gaat om later gebundelde documenten uit de vermelde jaren en om enkele stukken uit de voorgaande periode 1758-ca. 1780. Voor hun inhoud cfr. ons tekstgedeelte.
Fotografische vergrotingen: de eerste vergadering van 7 januari 1789, en de officiële erkenning van 1794.

41. Portret van Joseph Xavier de Bériot (1764-1816).

Leuven, eerste helft 19de eeuw.
Olie op doek, 107 × 79 cm.
Stadhuis, Leuven, portrettengalerij der burgemeesters.

Handelaar, deelgenoot van de firma P.M. Lints (of Lintz) & de Bériot, en notaris, later *administrateur* van het Dijledepartement. De aan de vaart gevestigde firma werd in de gedwongen lening van het jaar IV (1795-1796) in de 4de categorie geplaatst met een taxatie van 100 *livres*.
De firma werd in 1794 lid van de *Chambre de Commerce* van Leuven.
Joseph Xavier was in 1794-1795 *échevin*, in 1798 *officier municipal*, en in 1800-1808 *maire* van Leuven. Hij was de oom van de bekende vioolvirtuoos en componist Charles Auguste de Bériot (1802-1870), één der parels van de Belgische vioolschool.

42. Matrijs van het Zegel van de Kamer van Koophandel van Leuven.

Leuven, einde 18de eeuw (na 1794).
Koper, ovaal 28 × 24 mm.
Stedelijk Museum, Leuven, Sigillografische verzameling, nr. B/IV/21.

In een gepunte omlijsting: achter het stadswapen van Leuven, een

Monsieur

Emmittre du Placard de Sa Majesté &

J'ai l'honneur de vous prévenir que je suis le préposé
actuel des Négociants & Commissionnaires formant
une société de Commerce en cette ville.

Que cette société a eu sa première assemblée le 7 Janvier
1789 comme il le voit la pièce ci jointe par laquelle elle
a communiqué ses vües et son objet au Magistrat de
cette ville d'après sa resolution du même jour.

Que l'objet principal de travailler au bien être du commerce
n'a point varié, au point que la Magistrature actuelle a
daigné nommer deux commissaires pris dans son assemblée
savoir Mrs. van Lempputen & Godichal avec lesquels
nous conferons au besoin, comme sous la Magistrature
precedente nous faisions avec feu Mr. van Lempputen
& De Raymacker en la même qualité

qu'il n'a été de rougé a cette communication faite
au Magistrat de cette ville, que relativement aux jours
d'assemblée qui sont peu frequentes & qui n'ont lieu
que lorsque le besoin exige une Convocation pour
regler une representation ou autre objet pressant
toujours relatif au Commerce.

L'objet qui a été le principal que nous avons
traité jusqu'uy ont été les representations faites au
Gouvernement de Sa Majesté qui
developpent nos operations.

au Monsieur le Conseiller Fiscal de Brabant a Bruxelles

anker, symbool voor de scheepvaart op het kanaal, geflankeerd door links een Mercuriusstaf, symbool voor de handel, en rechts een lauwertak; daarrond het opschrift *Chambre de Commerce de Louvain*.

43. Droogstempel van de Kamer van Koophandel van Leuven.

Leuven, 19de eeuw.
Koper, diameter 34 mm.
Stedelijk Museum, Leuven, Sigillografische verzameling, nr. B/IV/22.

In het midden het wapen van de Belgische staat met op een band *L'union fait la Force*; daarrond, omlijnd, het opschrift *Chambre de Commerce de Louvain*.
Een verwijzing naar de 19de-eeuwse herinrichting van de Kamer!

44. Een nieuw Entrepot aan de Vaartkom.

Leuven, 1793.
Figuratief plan, gehoogd met waterverf, papier, 100 × 114 cm.
Stadsarchief, fonds Kaarten en Plattegronden, zonder signatuur; thans in het Stedelijk Museum.

Het eerste kanaalentrepot was ingericht geworden in de tijdens de Oostenrijkse Successieoorlog voor de Franse troepen gebouwde broodovens. Een uitbreiding van de lokalen was gebeurd in de huidige Stapelhuisstraat. In 1787 waren de gebouwen reeds lang te klein geworden en was een nieuw complex begonnen tegen de Dijle in de Vaartstraat. De Brabantse Revolutie had de uitvoering ervan verlamd. In 1791 begon men andere plannen voor te stellen. Dit is er een van. Hiervan kwam echter niets.
Een groot nieuw entrepot was een van de zorgen van de ,,Chambre de Commerce''.

FOTO'S

Fotografische kring VOSSCO; Bank Brussel Lambert N.V.;
Cinefix-Buken; A.C.L. Brussel; Brouwerij Artois, Leuven;
P. De Craan, Leuven

GRAFISCHE VORMGEVING & DRUK

Orientaliste, P.B. 41, 3000 Leuven

VERANTWOORDELIJKE UITGEVER

J. Piot, de Croyplein 4, 3009 Winksele

© 1989 bij Bank Brussel Lambert

ISBN 90-6831-159-X

D/1989/0602/8